Déborah Rosenkranz

Sei es dir wert

Über die Autorin

Déborah Rosenkranz tourt seit Jahren als Singer-Songwriterin und Autorin durch verschiedenste Länder der Welt. Sie hat eine Einrichtung für Mädchen mit Essstörungen mitinitiiert und widmet sich hauptsächlich jungen Menschen auf der Suche nach ihrer Identität. 2016 gewann sie den *Emotion Award für Soziale Werte* und nutzt ihre Musik, um Menschen Mut und Hoffnung weiterzugeben. Parallel zum Buch ist ihr Album „Liebe ist lauter“ erschienen, in dem sie die Inhalte in Songs verpackt hat.

Déborah Rosenkranz

Sei es dir WERT

Wie du dir selbst in allen Herausforderungen des Lebens dir selbst treu bleiben kannst

GerthMedien

Inhalt

Vorwort

Die Druckerfarbe meines letzten Buches ist noch nicht einmal trocken und ich habe auch das erste Exemplar noch nicht in den Händen gehalten. Und doch liegt mir ein weiteres Thema so sehr auf dem Herzen, dass ich nicht anders kann, als loszutippen. Es geht um uns. Uns Frauen. So einzigartig und besonders wie wir auch sind, wissen wir, dass wir höchst komplexe und komplizierte Lebewesen sind! Mit Launen, die wir selbst oft kaum in den Griff bekommen. Sehnsüchten, die uns innerlich fast zerreißen. Großen Träumen, die wir aufgeben, sobald etwas schiefläuft. Schmerzen, die man uns zugefügt hat. Wunden, die immer wieder aufreißen, und Narben, die uns an unsere schwersten Momente im Leben erinnern. Wir sehnen uns danach, geliebt zu werden! In der Zwischenzeit verlaufen wir uns in unserer Gedankenwelt – ganz real – in Konsumsucht, Fitness-Wahn, einer Affäre oder was es alles sonst noch an Ersatzbefriedigungen geben mag. Und wenn der Moment des Liebesglücks dann endlich gekommen ist, sehen wir, dass wir eigentlich gar nicht bereit dafür sind, oder fangen an, uns mit anderen zu vergleichen, und sind wieder frustriert. Ein Blick in den Spiegel genügt, um zu wissen, dass wir nicht gut genug sind und unsere Stimmung ist im Eimer. Eine Abmachung, die nicht eingehalten wird, und wir malen den Tag schwarz. Eine Beziehung, die zerbricht, und wir zerbrechen mit. Vielleicht wurde aus einer Beziehung sogar Missbrauch. Aus der Liebe zu dir selbst Hass auf deinen eigenen Körper. Aus Appetit eine Essstörung und aus Lebensfreude Suizidgedanken. Willkommen im echten Leben einer echten Frau! So, wie sie wirklich tickt, denkt und lebt! Woher ich das weiß? Ich habe es erlebt. Alles davon. Dabei sind wir geboren, um zu lieben. Uns selbst zu lieben. Um zu feiern. Uns selbst zu feiern. Um zu geben. Uns selbst zu geben. Um ein Leben in Fülle zu haben! So, wie wir sind. In und mit unserer aktuellen Situation.

Wir sind in der heutigen Zeit so unter Druck geraten, dass wir gar nicht mehr wissen, wer wir eigentlich sind. Wir laufen irgendwie mit, weil man das so tut, und nehmen uns keine Zeit dafür herauszufinden, wohin wir eigentlich laufen. In diesem Buch geht es um viel mehr als um die Werte, die die heutige Zeit uns als das ideale Bild einer Frau präsentieren will. Es geht um mehr, als um solche Oberflächlichkeiten, die nicht lange Bestand haben. Es geht um die Realität. Das, was wir im Stress unseres alltäglichen Lebens vergessen haben. Von dem wir meinen, keine Zeit dafür zu haben. *Was ist eigentlich die Basis unseres Seins?* Gibt es da tatsächlich etwas, das mir von innen heraus meinen Wert gibt, mit dem ich *schön, stark und selbstbewusst* durch jede Situation des Lebens gehen kann? Ich? So, wie ich bin? Mit all meinen Fehlern, den Kilos zu viel, der Cellulite und den Narben?

Die meisten Frauen werden sich hier wiederfinden können.

Von der Single-Frau auf der Suche nach ihrem Traumprinzen bis hin zur Mutter mit den vier Kindern. Von der ehrgeizigen Studentin zur Karrierefrau, die alles erreicht hat. Von der jungen Frau, die gerade eine lebensverändernde Diagnose bekommen hat, zu der Jugendlichen, die gerade ihr Abi mit Bravour in der Tasche hat. Von der Witwe, die ums Überleben kämpft, bis hin zu dem Weltstar, der auf den größten Bühnen steht. Ich habe sie alle kennengelernt. Und in einige dieser Rollen bin ich selbst schon geschlüpft, wobei mir eines sehr bewusst geworden ist: Wenn wir leben und überleben wollen, brauchen wir alle die gleiche Basis! Nennen wir sie einfach mal: „Die Wahrheit“. Die Wahrheit über uns, das Leben und Gott. Wie attraktiv diese ist, wie sinnvoll, wie erfrischend und erfüllend – das möchte ich mit dir in diesem Buch teilen. *Denn dieser Trend ist einer, der kein Ende kennt!* Das garantiere ich dir!

1.
Sei es dir wert …
den besten Duft zu tragen

Vielleicht hast du davon geträumt, mit deinem Prinzen an der Seite durchs Leben zu gehen. Glücklich verliebt zu sein, Kinder zu haben und mit diesem Mann deinen Traum aufzubauen. Doch du bist allein. Allein mit dir selbst. Allein mit deinen Gedanken. Ja, allein mit deinen Träumen. Wie gehe ich damit um, wenn dieser Wunsch noch nicht erfüllt ist? Wie überstehe ich diese schwere Zeit des Wartens und Hoffens? Hat Gott mich etwa übersehen? Oder steckt doch ein viel tieferer, bedeutsamerer Grund dahinter, der so wichtig ist, dass es Zeit wird, dass mir die Augen geöffnet werden? Aber halt, stopp! Wenn du das Buch jetzt schon beiseitelegen möchtest. Es geht auch um dich, die du in einer Beziehung bist. Vielleicht auch schon jahrelang verheiratet. Ja, du durftest den Traum, den andere sehnsüchtig erwarten, erleben und hast vielleicht die Kinder bekommen, die du dir immer gewünscht hast. Wieso fühlt es sich doch nicht ganz so an, wie du es dir erhofft hattest? Wieso diese Traurigkeit in dir? Wie kann es sein, dass dieser Traum von der großen Familie wahr wurde, doch der Schmerz dahinter ebenso Realität ist? Wie können wir alles haben, doch das Gefühl, unerfüllt zu sein, bleibt weiter bestehen? Es werden Emotionen in dir wach, die dich selbst erschrecken, doch kaum zu bremsen sind und unschöne Seiten zum Vorschein bringen. Wieso? Wo kommt das her? Was ist der Grund dafür, dass wir immer ausgerechnet das wollen, was andere haben? Wieso schreiben mir verheiratete Frauen, dass sie gerne mein Leben hätten, und ich wünsche mir eine Familie? Wieso sind so viele Frauen mit sich und ihrem Leben unzufrieden und verpassen dadurch die schönsten Momente des Lebens? Was ist eigentlich mit der modernen, gläubigen Frau von heute? Was darf sie sein, was nicht? Alles ist so kompliziert geworden. Wir verbringen so viel Zeit mit der Suche nach dem perfekten Partner und ja, auch dem optisch perfekten „Ich“, das alle zufriedenstellt, vergessen dabei aber die Basis, die Wahrheit und uns selbst.

Ich sträube mich ja vor jedem nächsten Buch zuerst einmal! Weil ich weiß, dass ich dir nur helfen kann, wenn ich schonungslos ehrlich bin. Und das wiederum geht nur, wenn ich dir mein Herz und Leben öffne. Unzensiert. Und ich habe mich nochmals entschieden, es zu tun, weil ich weiß, dass es mein Auftrag ist. **Solange ich keine Familie habe und niemanden, den ich schützen und beschützen muss, werde ich diese Zeit nutzen, um schonungslos ehrlich an die Öffentlichkeit zu gehen. Wieso? Weil du es mir wert bist!** Und weil du lernen sollst, dir es selbst wert zu sein! Für dieses Buch bin ich selbst an meine Grenzen gegangen und habe einige Freunde vorweg gefragt, ob ich so weit gehen darf. Auch saß ich mit meinen Eltern an einem schönen Sommertag auf der Terrasse und habe sie darauf vorbereitet, was ich in den letzten Kapiteln dieses Buches von mir preisgeben werde. Ich kann dir sagen, wir saßen da, haben zusammen geweint, der Schmerz war real, doch die Wahrheit schrie lauter.

Mein Vater fasste es in zwei Sätzen zusammen: „Déborah, dein Auftrag ist zu klar, als dass wir sagen könnten, du sollst nicht darüber sprechen. Sag die Wahrheit und erlebe, wie noch mehr Frauen Heilung und Befreiung erleben!" Und weil ich nur zu oft erlebt habe, dass die Wahrheit Menschen frei gemacht hat, werde ich genau das tun! Hier sind wir schon bei meinem Lieblingsvers:

> „Ihr werdet die Wahrheit erkennen und die Wahrheit wird euch frei machen!" *Johannes 8,32*

Und damit möchte ich dir schon einen ersten, ganz wichtigen Tipp geben: Nutze deine (Single-)Zeit sinnvoll! Ich hätte all die Zeit nicht, Bücher zu schreiben, Songs aufzunehmen und um die Welt zu touren, wenn ich eine Familie hätte. Und schau mal, wie SINNvoll es ist, dass es gerade so ist! So vielen Menschen darf ich helfen. Und ich selbst bin so was von erfüllt dabei! Sitze nicht länger frustriert in der Ecke, sondern stehe auf und ergreife die Gunst der Stunde! Denn ändern kann sich alles ganz schnell! Fast jedes Wochenende reise ich in eine andere Stadt, eine andere Kirche, eine andere Schule, zu einem anderen Event. Und wenn ich mich dann mit einer

Gruppe unterhalte, bemerke ich, dass alle etwas kleinlaut werden, sobald ich etwas frecher und offener über Themen wie Beziehungen, Glaube, den Wert der Frau, meine vielen Schuhe, unsere Bedürfnisse und Sex spreche. Bei intimen Themen werden viele rot und drehen sich weg, bei High Heels und Make-up heißt es brav: „Ja, ich würde es nicht übertreiben." Doch wenn ich nach den Veranstaltungen mit den Frauen unter vier Augen spreche, schießt es nur allzu oft aus meiner Gesprächspartnerin heraus: „Oh Déborah, das war jetzt so befreiend! Ich dachte, ich bin die Einzige mit diesen Gedanken. Was habe ich mich dafür geschämt!"

Hallo? Wir sind alle Frauen mit Wünschen, Bedürfnissen, Selbstzweifeln, schlechter Laune, Höhenflügen und all den weiteren Emotionen, die wir oft selbst nicht verstehen. Wieso also nicht offen darüber reden, wenn es dazu dient, dass wir stärker und zufriedener werden? Glücklicher! Selbstbewusstere Frauen! Verständnisvollere Ehefrauen! Bessere Freundinnen! Tolerantere „Mitfrauen". Heute erst erhielt ich die traurige Nachricht einer Dame auf Instagram: „Liebe Déborah, es ist so erfrischend, wie du über das Leben sprichst. Alles was ich höre, ist negativ. Und zu 99 % kommt es von Frauen. Frauen, die mich mobben. Frauen sind Frauen gegenüber Gift. Es sind oft nicht einmal die Männer."

Leider weiß ich genau, was sie meint. Ja, Frauen handeln aus so vielen verschiedenen Emotionen heraus falsch. Es tut mir leid, wenn ich dir das gleich so an den Kopf werfe, doch ich weiß es, weil ich es ja von mir selbst kenne. Die Hauptgründe sind: Eifersucht. Unsicherheit. Selbstzweifel. Wie ich all diese

Fliegen mit einer Klappe erschlagen konnte? Mit der Wahrheit über mich! Nicht der Wahrheit über andere Frauen oder Menschen! **Um ein erfülltes Leben führen zu können, muss ich wissen, wer ich bin! Ich bin überzeugt davon, dass die Wahrheit über dich die beste Version deiner selbst aus dir rausholt!** Und deswegen schreibe ich. Dafür lohnt es sich, wochenlang vor meinem Mac zu sitzen und zu tippen, bis ich fast vom Stuhl falle. **Sei es dir wert, daran zu arbeiten, die beste Version deiner selbst zu werden! Denn nur du selbst zu sein, wird dich wirklich glücklich machen!**

Mit den ersten Gedanken für dieses Buch habe ich diese leise Stimme von Anfang an in meinem Ohr gehabt, die ich immer wieder verdrängt habe: „*Déborah, sei ehrlich, bis es wehtut.*" Das ist definitiv leichter gesagt als getan! Doch wenn ich schon sage, dass die Wahrheit uns frei macht, dann muss ich damit anfangen, wahrhaftig zu sein, damit andere diesem Beispiel folgen können. Und ob du dich als eine der „christlichen Frauen" siehst oder nicht, jetzt aber irgendwie dieses Buch in der Hand hältst, weil dich der Titel so angesprochen hat, glaub mir: Dieses Buch ist für dich! Es kann dein Leben radikal verbessern, ja vereinfachen, wenn du es zulässt. Eines vorweg: Um die Aussage des Titels „Sei es dir wert" und all die wertvollen dazugehörigen Untertitel wirklich für dich in Anspruch zu nehmen, gibt es meiner Meinung nach nur eine Möglichkeit: Gott zu vertrauen und dem, was die Bibel über ihn sagt.

Glaub mir, ich hab alles durch: Die Lebensratgeber der Promis, die ich teilweise selbst kennengelernt habe, hochkarätige

Coachings, Motivations-Speaker und Gespräche mit den interessantesten Politikern. Ich sage nicht, dass alles schlecht ist, definitiv nicht! Doch viele dieser „Vorbilder" bzw. „Verkäufer" träumen selbst davon, ihren eigenen Maßstäben gerecht zu werden, und scheitern kläglich daran. Wenn ihre Lebensumstände sich dramatisch verändern, haben sie oft auch keine Antworten mehr. Ganz ehrlich, wenn ein Tipp einer Prominenten beispielsweise lautet: „Wenn du dich nicht hübsch findest, dann kauf dir neue Schuhe", dann frage ich mich wirklich, ob wir schon so weit sind, so einen Unsinn zu glauben. Und ich befürchte: ja! Ich gestehe, in meinem Schuhschrank befinden sich sicher 200 Paar Schuhe, doch deswegen fühle ich mich nicht hübscher. Es muss für mich dann doch tiefer gehen als das.

Sollte der Tipp nicht vielmehr heißen: „Werde zu der Frau, die aus jedem beliebigen Schuh einen Hingucker macht, sobald sie ihn anzieht, weil ihre eigene Schönheit alles überstrahlt!"? Weißt du, was ich meine? **Die glücklichsten Frauen, die ich kennengelernt habe, Frauen, die wirklich etwas bewirkt haben, das waren die, die verstanden haben, dass ihre Existenz kein Zufall ist.** Dass ihr Aussehen kein Zufall ist. Dass ihr Leben durch und durch von Gott höchstpersönlich geplant wurde – egal ob sie sich als Christ bezeichnen oder nicht, und dass jede, wirklich jede Sekunde eine Chance ist, SINNvoll zu leben. Nicht jede dieser Frauen trägt Größe 36. Manche haben tiefe und für alle sichtbare Narben. Doch sie könnten nicht schöner sein. Denn sie strahlen einen Frieden aus, der von innen kommt. Eine Schönheit, die weder Alter noch Übergewicht ihnen nehmen könnte. Wir alle kennen diese Frauen, die etwas an sich haben, dass extrem anziehend wirkt. Selbst als magersüchtiges Mädchen war ich immer beeindruckt von den eher „dickeren" Frauen, die aber so herzlich und befreit lachen konnten. Denn das konnte ich nicht. Wahrscheinlich hast du inzwischen schon bemerkt, dass ich mit diesem Buch auf die tiefere Suche nach deiner eigenen Persönlichkeit und dem Grund deines Daseins mit dir gehen möchte. Die Suche nach dem Frieden für dein Leben. Egal, was du getan hast. Egal, was dir angetan worden ist. Es geht um den Frieden, der es dir ermöglicht, heil und du selbst sein zu dürfen. Sei es dir wert, mit auf diese Reise zu kommen, die dein Leben zum Guten verändern wird!

In Richter 6,24 baut Gideon (du kannst die Geschichte gern ganz nachlesen) einen Altar und nennt ihn: „Der Herr ist Friede." Ich wünsche mir, dass du solch einen Altar in deinem Herzen baust, zu dem du immer wieder zurückkehren kannst, wenn Zweifel dich bedrängen: **„Der Herr ist mein Friede."**

Mit diesem Buch werde ich auch für mich einen ganz großen Schritt gehen und dir etwas erzählen, was ich über Jahre hinweg für mich behalten habe. Aus Scham. Doch ich habe diesen Frieden persönlich erlebt, der jede Scham und jede Schande aus meinem Leben weggefegt hat. Und weil dieses Erlebnis so lebensverändernd ist, werde ich mich dir öffnen, damit auch du frei werden kannst! Heil werden kannst! Schön, stark und selbstbewusst!

So bitte ich dich, mir einfach mal zu vertrauen, während ich dich mit diesem Buch auf die Reise durch meine persönlichen Erfahrungen mitnehme. Lass es zu, dass ich dir zeigen möchte, wie mein Glaube mich darin nur bestärkt hat und meine komplette Denkweise so unfassbar schön verändert hat, dass ich keinen Zweifel mehr daran habe, dass Gott einen guten Plan für mich und für dich hat und wir nicht einfach nur zum Däumchendrehen da sind! **Du darfst leben! Du darfst lieben! Du darfst lachen!** Dieses Buch soll dir die Augen dafür öffnen, dass das Leben, das du gerade jetzt führst, kein Unfall oder Fehler, geschweige denn eine Überraschung für Gott ist. Und selbst wenn du dich komplett verrannt haben solltest, ist es eine Chance, deinem Leben eine ganz besondere Note zu geben. Ja, du hast richtig gehört. Das ist deine Chance, deinem Leben eine Duftnote zu verpassen, die so gut riechen wird, dass jeder sich nach dir umdrehen wird. Weil sie diesen Duft auch wollen! Weil er so attraktiv und ansprechend ist, dass jeder etwas davon abhaben will! Und ich spreche nicht von Chanel. Ich spreche von einem himmlischen Duft. Einem Duft, der aussagt:

„Wow, was für eine starke, attraktive Frau, die weiß, wer sie ist. Eine Frau mit Werten und Moral, um die es sich zu kämpfen lohnt. Sie liebt wie keine andere und weiß dennoch, ihr Herz zu beschützen. Sie lässt sich nicht von einer Zahl auf der Waage diktieren, wie sie zu leben hat. Wenn sie ihre Narben anschaut, lächelt sie, denn anstelle des Schmerzes zählt sie die Wunder in ihren Wunden! Wenn andere fallen, hilft sie ihnen

auf. Wo andere aufgeben, fängt sie erst an. Sie lebt nicht nur im Moment, sie hat Pläne und Träume für die Zukunft. Sie gibt sich nicht einfach her und gibt ihren Emotionen nach. Sie ist ein Vorbild für ihre und die kommenden Generationen. Weil sie weiß, wer sie ist. Weil sie es sich wert ist.“

So bitte ich dich noch mal von ganzem Herzen: Lass dich auf dieses Projekt ein. *Du bist es nicht nur wert, du hast so viel mehr Wert, als du es im Moment glaubst!* Und du bist dabei, deine persönliche Duftnote zu entwickeln, die individuell auf dich abgestimmt ist. Ein Duft, der nicht nur dich lebendig macht, sondern anderen um dich herum Leben schenken wird! Dafür ist es notwendig, dass du es dir wert bist, deinen eigenen Duft zu verströmen! Du kennst doch auch diese billigen Kopien, die man von den guten Parfüms auf den Märkten im Urlaub kaufen kann. Hast du dir auch mal so eines gekauft? Im ersten Moment riecht es echt fast gleich wie das Original und kostet so viel weniger! Selbst die Verpackung sieht täuschend echt aus. Doch wenn du es dann verwendest, merkst du, dass es schnell zu stinken anfängt! Lass keine Kopie an deine Haut! Sei es dir wert, echt zu sein. Sei es dir wert, dafür auch den vollen Preis zu bezahlen und keine halben Sachen zu machen! Dein eigener, echter Duft! Stell dir mal vor, wie attraktiv das riechen könnte! Okay, vielleicht passen momentan deine verschiedenen Duftnoten noch nicht alle zusammen und der Geruch ist noch nicht so vollendet. Aber genau daran werden wir in diesem Buch arbeiten. Das Ergebnis wird ein Duft sein, der nicht trendabhängig, sondern für die Ewigkeit bestimmt ist.

Deswegen: SEI ES DIR EINFACH WERT, deinen eigenen Duft zu entwickeln und keine billige Kopie deines Lieblingsparfüms zu sein! Wieso solltest du eine Kopie deines großen Vorbildes werden, das fehlerhaft ist, genauso emotional und menschlich wie du, wenn du eine Kopie Gottes sein kannst:

> „Denn ich habe den Menschen als mein Ebenbild geschaffen." *1. Mose 9,6*

Wenn das nicht gut genug ist, was wird es dann sein? Wieso ist uns das nicht konkret vor Augen, wenn wir durch den Alltag gehen? Wieso wollen wir viel eher das Ebenbild einer Frau werden, die wir toll finden, als ein Ebenbild Gottes? Es ist ganz einfach. Weil wir nonstop mit dem Gegenteil konfrontiert werden. Mit der Lüge, nicht genug zu sein. Mit den Kosmetikprodukten, die uns unsere Jugend zurückschenken sollen. Mit der Waage, die unsere Laune schon morgens in den Keller treibt. Mit dem Chef, der uns die Freude an der Arbeit komplett nimmt. Mit der Krankmeldung, die uns bestätigt, dass wir depressiv sind, und uns auch den Grund dafür schwarz auf weiß belegt. Wir sehen diese Fakten und vergessen, wer wir wirklich sind! Die Wahrheit über dich selbst wird nicht einfach eines Tages vom Himmel fallen und dir fortan ermöglichen, das alles glauben zu können. Das Unglaubliche ist, dass das Rezept für dich schon geschrieben und ausgestellt worden ist. Im Moment liegt es aber einfach noch unbenutzt da. Kennst du das auch? Dir geht es schlecht, du gehst zum Arzt, und er erkennt sofort, was du brauchst, und stellt dir auch ein Rezept dafür aus. Du bist allerdings zu faul, zur Apotheke zu gehen und es einzulösen. Du weißt ja jetzt, dass du das Medikament jederzeit abholen könntest, aber so dringend ist es ja gerade doch nicht mehr. Du brauchst die Wahrheit aber. Jetzt! Das Rezept dazu, die Lösung auf jedes einzelne (!) deiner Probleme hast du verpackt in einem Buch: der Bibel. Und keine Angst, mir hat es als Kind schon vor diesen Menschen gegraut, die nur „biblisch", also irgendwie superfromm, aber nicht normal reden konnten! Hier geht es um etwas ganz anders! Es geht um etwas Echtes, das das Potenzial hat, dein Leben und deinen Alltag komplett auf den Kopf zu stellen und dich zu dieser attraktiven Frau mit einem attraktiven Duft zu machen. Meine Freunde lachen ja immer über mich, weil ich einen bestimmten Männerduft so unglaublich gut finde, dass ich immer sage: „Mir ist egal, wie der Typ aussieht! Wenn er diesen Duft trägt, dann hat er Chancen!" So etwas löst ein guter Duft bei uns Menschen aus. Wie viel mehr, wenn wir von innen heraus himmlisch duften!

Du darfst dir gerade jetzt einen Moment Zeit nehmen, deine Zweifel und schlechten Gedanken, die dich von diesem Projekt „Sei es dir wert" abhalten wollen, in ein Gebet zu verwandeln und abzugeben. Auch wenn es das erste Mal sein sollte, dass du die Hände zum Gebet faltest. Das Schöne ist, dafür braucht man weder einen Personal Trainer, noch muss man Gebühren wie beim Online-Dating bezahlen. Dieses Rezept ist gebührenfrei, überall praktizierbar und man kann nichts falsch machen. Ein Match ist dir garantiert! Denn dein perfekter Partner sitzt im Himmel und wartet darauf, dass du ihm ein Like gibst. Bist du bereit? Lass alles los, denn mit diesem Buch möchte ich dir nicht nur helfen, die aktuelle Phase deines Lebens zu „überstehen", ich möchte, dass du sie verstehen und lieben lernst!

Und ich möchte, dass du begreifst, dass nichts ohne Grund geschieht und in jedem noch so schweren Moment in deinem Leben eine Chance steckt, um daran zu wachsen und stärker zu werden. Manchmal sogar ein kleiner Test Gottes, der sehen möchte, ob du ihm vertraust. Weil er dir noch mehr zutrauen möchte. Aber darauf werde ich noch detaillierter eingehen mit sehr persönlichen Beispielen aus meinem Leben. Gott hat dich mit einem einzigartigen Auftrag auf die Erde gesetzt, der nur sichtbar wird, wenn du diese Zeiten der Prüfungen nicht ignorierst, sondern mutig anpackst! Einfach du. Mit Gott. Woher ich das weiß? Ich bin schon mehrfach durch solche Phasen, in denen ich nicht mehr erkennen konnte, wozu ich überhaupt auf der Erde bin. Mehrfach. Wenn Menschen wirklich wüssten, wie viel Leid und Schmerz hinter meiner strahlenden Fassade stecken, würden sie es gar nicht glauben. Meine Familie und meine engsten Freunde wissen Bescheid. Und das reicht auch. Denn ich habe begriffen, dass ich *immer* getragen werde in diesen Zeiten und dass Gott das nicht grundlos macht. Ich muss nicht jede schwere Phase Hilfe suchend in den sozialen Medien bekannt geben. Ich gehe direkt damit zu Gott. Ich weiß, dass er keine Fehler macht! Durch neue Herausforderungen habe ich immer wieder neue Geschichten zu schreiben, die du dann lesen kannst und die anderen hoffentlich helfen. Das war jetzt übrigens nicht ironisch gemeint. Heute weiß ich ganz sicher, dass Gott all diese verrückten, aber auch schmerzhaften Erfahrungen in meinem Leben zulässt, weil ich dadurch so viel weitergeben kann und dadurch sogar schon Leben retten durfte. Das sage ich in aller Demut – es ist nicht mein Verdienst. Das war nicht ich. Es war Er, der mich gebrauchen konnte. Weil ich Ja gesagt habe – auch Ja zum Schmerz. Aber ich will noch nicht zu viel verraten! Mit der Zeit lernst du durch verschiedene Situationen im Leben auf jeden Fall dazu! Denn du beginnst zu begreifen und zu vertrauen, dass es wieder eine der Lektionen Gottes ist, die niemals eine Strafe sind (!). Ganz im Gegenteil, es sind die Momente, in denen er kaum vernehmbar flüstert: „Bist du bereit? Gehen wir noch einen Schritt weiter? Machen wir aus dir jetzt eine Frau mit einem einzigartigen Duft?" Na dann wollen wir doch mal anfangen, die verschiedenen Aromastoffe zusammenzustellen!

2.
Sei es dir wert ... der Versuchung zu widerstehen

Seien wir mal ehrlich. Fast jede Single-Frau, vielleicht sogar die Verheirateten unter uns, dachten doch schon mal: „Es ist ja nicht so schlimm, wenn ich mich hier kurz mal auf einen kleinen Flirt, oder einen flüchtigen Kuss einlasse! Was bedeutet das schon? Es bekommt ja eh keiner mit.“ *Ganz ehrlich?* Ich glaube wirklich, dass genau diese Momente den Unterschied ausmachen zwischen einem durchschnittlichen Leben und dem Leben, das Gott für dich vorgesehen hat. Wieso? Weil ich es so erlebt habe. Wir denken in solchen oder ähnlichen Situationen: „Sooo schlimm ist das jetzt auch nicht“, sind Meister im Vertuschen und benutzen kleine Notlügen, weil wir glauben, dass es ja doch keiner mitbekommt. Eines aber steht fest: Du kannst noch so viel hinter dem Rücken der Menschen tun, Gott sieht es. Und was auch sicher ist: **Alles, was du nicht im Licht tun kannst, schadet dir.**

„Für die Menschen ist es wichtig, was sie mit den Augen wahrnehmen können; ich dagegen schaue jedem Menschen ins Herz.“ *1. Samuel 16,7*

Gott sieht jede Sekunde deines Lebens. Er schaut nicht weg. Niemals. Deswegen kannst du solche Heimlichkeits-Momente nur vermeiden, wenn du regelmäßig Zeit mit ihm verbringst. Täglich. **Je mehr du im Alltag begreifst, dass Gott real ist, desto weniger wirst du Dinge tun wollen, die dir schaden!** Hier geht es nicht um einen „Spielverderber-Gott“, sondern um diese Person an deiner Seite, die du dir eigentlich immer gewünscht hast! Jemand, der es immer gut mit dir meint! Der immer auf dich achtet, dir immer zeigt, was gut und was schlecht für dich ist, und dich so sehr liebt, wie es ein Mann nie schaffen würde! Jemand, der dir sogar kleine Schubser gibt, wenn du nicht weißt, in welche Richtung dein Leben gehen soll. Ja, sogar jemand, der die kleinen Details in deinem Alltag voller Liebe plant, wenn du ihn nur mit einbeziehst! Ich weiß, er ist keine Person zum „Anfassen“, doch ich werde dir mit diesem Buch ein paar Tipps mitgeben, wie du ihn mehr und mehr spüren und bewusst in deinen Alltag mitnehmen kannst.

> „Das alles hat er getan, weil er wollte, dass die Menschen ihn suchen (Dein Job!).
> Sie sollen ihn spüren und finden können. (Sein Job!)
> *Apostelgeschichte 17,27*

Also noch mal zusammengefasst, damit du verstehst, was ich damit meine: Wenn du wüsstest, dass Gott gerade jetzt seinen Blick auf dich gerichtet hat, würdest du dann diese Nachricht an den Mann schreiben, der nicht der deine ist? Würdest du mit der Nachbarin über diese eine Frau lästern, die so anders ist? Würdest du nachts in der Dunkelheit deines Zimmers anfangen, dir mit der Rasierklinke die Arme aufzuschneiden? Würdest du dir nach dem Essen den Finger in den Hals stecken? Würdest du dir immer noch wünschen, jemand anderes zu sein, wenn Gott dir täglich ins Gesicht sagen würde: „Ich habe dich schon immer geliebt" (Jeremia 31,3). Schon immer. So, wie du warst. So, wie du bist. Diese Beziehung, die du mit dem lebendigen Gott haben kannst, ist also kein Hobby oder nettes Abendprogramm in deinem Leben. Sie ist dein größter Schutz. Ein Schutz vor den Versuchungen, die uns das Genick brechen können, wenn wir ihnen im Geheimen nachgeben und glauben, dass es eh niemand mitbekommt. Die Ausrede vieler lautet: „Aber ich höre Gott gar nicht!"

„... die Schafe folgen ihm, weil sie seine Stimme kennen!" *Johannes 10,4*

Du kannst lernen, seine Stimme zu hören. Weißt du, wie Ermittler trainiert werden, um Falschgeld zu erkennen? Sie studieren die echte Währung bis ins Detail und kennen jede kleinste Aufschrift auf dem Geldschein. Wenn ihnen Falschgeld in die Finger kommt, können sie dieses immer mit dem echten vergleichen, weil sie es durch und durch kennen! Genauso ist es, wenn du lernen möchtest, die Stimme Gottes zu hören. Du musst sein Wort durch und durch studieren. **Willst du Seine Stimme hören, lerne Ihn kennen.** Und wenn du das tust, wirst du sehr schnell Seine Stimme von der Stimme der Welt, die

Wahrheit von der Lüge, unterscheiden können, weil das Echte tief in dir verankert ist.

Ich war gerade nach Südfrankreich gefahren. An genau den Ort, an dem ich tatsächlich seit meinem ersten Lebensjahr schon sehr viel Zeit verbracht habe. Es ist praktisch mein zweites Zuhause, das für mich immer voller Freude und voller Freunde ist und vom herrlichem Lavendelduft in der Luft und dem Meer vor der Haustüre gekrönt wird! Hier tanke ich auf, hier lebe ich auf! Hier verbinde ich Urlaub mit meiner kreativen Arbeit. Ob es neue Songs sind, die ich schreibe, oder ein weiteres Buch. Der „Sei es dir wert"-Gedanke dieses Buches und die Frage dahinter „Wie kann ich denn als moderne Frau mit all meinen Wünschen und Sehnsüchten in der heutigen Zeit leben (und bestehen)?" wurde auch an diesem Ort geboren. Nicht nur das Gespräch mit einer Freundin im gleichen Alter, die ich in diesem Jahr dort getroffen hatte und die genau die gleichen Fragen mit sich trug, auch ein persönliches Erlebnis gab mir den letzten Anstoß, nun über diese sehr persönlichen und eigentlich noch weitgehend unausgesprochenen Themen zu schreiben. Denn irgendwie ist es doch unangenehm zuzugeben, dass unsere Gedanken und Sehnsüchte nicht besser sind als die Gedanken der Frauen, die ohne Werte, ja ohne Glauben leben. Wer von uns zum Beispiel will schon zugeben: „Ich bin noch Single und das ist gut so!" Unter Menschen, die nicht Christen sind, gar kein Thema. Denn es bedeutet Selbstständigkeit, Emanzipation, Affären und One-Night-Stands. Doch wie gehe ich als Frau damit um, die an einen lebendigen

Gott glaubt, der ihr gezeigt hat, dass ihr Körper wertvoll ist? Als Frau, die sich nicht auf eine Beziehung einlassen möchte, die keine Zukunft hat? Als Frau, die eigentlich Kinder haben wollte? Wie lange vertraue ich darauf, dass Gott das schon regelt? Wie lang warte ich?

Und welche verheiratete Frau will schon zugeben, dass sie sich in ihrer Beziehung nach mehr Aufmerksamkeit oder mehr sexueller Anregung sehnt, und mit dem Gedanken spielt, etwas mit einem anderen Mann anzufangen? Welche Ehefrau will schon laut aussprechen, dass sie wünschte, sie hätte nie geheiratet? Niemand will das. Doch viele denken es und spielen es im Kopf zumindest manchmal durch. Unsere heile Welt ist doch nicht so heil, wie sie zu sein scheint. Ich kenne dich, die du das liest und mir genau diese Gedanken per Mail oder auf Instagram geschickt hast. Die du jahrelang eine Fassade aufrechterhalten hast, die dich jetzt so sehr erdrückt, dass du kurz davor bist zusammenzubrechen. Jede von uns hat eine Geschichte. Viele von euch haben mir ihre Geschichten sogar schon zugeschickt und waren darin sehr ehrlich. Aber ich muss gar nicht auf andere schauen. Ich kenne mich und die Gedanken, die in mir sind! Und auch mir ist bewusst, dass ich sehr vieles in meinem Leben hätte anders angehen können und sollen.

Das bin ich: Frau, Mitte 30, Single und kinderlos. Ich durfte schon unglaublich viel Verrücktes erleben! Von der braven, naiven und fast schüchternen Pastorentochter, die über Nacht als „die singende Flugbegleiterin“ in einer Branche Fuß fassen durfte, die von Macht, Drogen und Erfolg beherrscht wird, zu einer Frau, die (selbst-)bewusst den Weg gewählt hat, der gesund und gut für sie ist, obwohl ihr alle Türen zu einem Leben im Jetset offen standen. Wie kommt man dahin? Wie wird man so (stark)? Ich erzähle es dir gerne! Aufgewachsen bin ich in einem gläubigen Elternhaus, doch viele Jahre meines Lebens wollte ich erst einmal „selbst schauen". Dadurch habe ich selbst viele Fehler gemacht hat. „Aus Fehlern lernt man und mit Gottes Gnade werden aus unseren Fehlern Wegweiser für andere." Dass mein Leben mit allem, was darin stattgefunden hat, zu einem Wegweiser für andere Menschen werden durfte, das macht mich sehr demütig. Denn es beweist, dass Gott wirklich ins Herz sieht und nicht unsere Fehler zählt und irgendwann aufgibt. Es zeigt, dass er nach Frauen sucht, die bereit sind, *sie selbst* und echt zu sein! Er hat nicht zufällig deine Charaktereigenschaften so zusammengestellt, wie sie sind. Wenn du anders bist, bist du von Gott bewusst anders erschaffen worden. Dann steckt da ein richtig guter Plan dahinter! Es gilt für dich, jetzt nur herauszufinden, wieso das so ist! **Gott möchte mit dir Geschichte schreiben, wenn du bereit dazu bist, du selbst und echt zu sein!** Mit deinen Stärken, mit deinen Schwächen. Mit deinen Fehlern und deinen Erfolgen!

„Sind unter euch, die Gott berufen hat, wirklich viele, die man als gebildet und einflussreich bezeichnen könnte oder die aus einer vornehmen Familie stammen? Nein, denn Gott hat sich die aus menschlicher Sicht Törichten ausgesucht, um so die Klugen zu beschämen. Gott nahm sich der Schwachen dieser

Welt an, um die Starken zu demütigen. Wer von Menschen geringschätzig behandelt, ja erachtet wird, wer bei ihnen nichts zählt, den will Gott für sich haben. Aber alles, worauf Menschen so großen Wert legen, das hat Gott für null und nichtig erklärt. Vor Gott kann sich niemand etwas auf sein Können einbilden. Auch ihr verdankt alles, was ihr seid, der Gemeinschaft mit Jesus Christus. Er ist Gottes Weisheit für uns. Durch ihn haben wir Anerkennung vor Gott gefunden, durch ihn können wir ein Leben führen, wie es Gott gefällt, und durch ihn sind wir auch befreit von unserer Schuld. So trifft nun zu, was die Heilige Schrift sagt: „Wenn jemand stolz sein will, soll er auf das stolz sein, was Gott für ihn getan hat!" *1. Korinther 1,26-31*

Wenn du diesen langen Text abgekürzt haben willst: „Gott kann mit jedem noch so simplen Leben eine Erfolgsstory schreiben, wenn die Person in einer Beziehung mit Jesus lebt, weil sie dadurch göttliche Weisheit erhält! Wie man diese Beziehung haben kann, darauf kommen wir später. Göttliche Weisheit ist Wissen, das man in keiner Schule der Welt erwerben kann! Ich hätte mich niemals getraut, dieses nächste Buch zu schreiben, wenn mir das nicht bewusst geworden wäre.

„Meine Gnade ist alles, was du brauchst! Denn gerade wenn du schwach bist, wirkt meine Kraft ganz besonders an dir!" *2. Korinther 12,9*

Gott öffnete mir die Augen zu den doch sehr sensiblen Themen dieses Buches durch eine Begebenheit, die wieder einmal während einer Auszeit in Südfrankreich stattfand ... Nachdem ich im Jahr zuvor einen Großteil des Sommers hier verbracht hatte, um meinem nach einer sehr ungesunden Beziehung völlig zerbrochenen Herzen – und zerbrochenem Ich – Erholung zu gönnen, war ich in diesem Urlaub einfach nur am Genießen! Ich freute mich über die neue, alte Déborah, deren Herz heil geworden war! Ja, in diesem Jahr war wirklich alles anders! Ich war stärker denn je. Innerlich und äußerlich. In meinem süßen, kleinen Appartement mit Meerblick genoss ich es, morgens meinen Kaffee auf dem Balkon zu trinken, nachdem ich mich im Fitnessstudio um die Ecke ausgepowert hatte! Der Besitzer des Studios, Jean, war ein gut aussehender, selbstverständlich sehr muskulöser Mann. Schon öfter dachte ich: „Ja, der hat wirklich was!" Bis auf ein „Bonjour" und „Au revoir" hatten wir bisher allerdings nie viele Worte ausgetauscht.

Doch in diesem Jahr war alles anders. Er begrüßte mich mit Küsschen, wie man es in Frankreich so tut, und zum Abschied gab es ebenso drei davon. Und das, ganz egal, wie verschwitzt ich war. Die Gespräche zwischen uns fielen länger aus, und ganz ehrlich, ich dachte mir nichts dabei. Als er sich an diesem Morgen von mir verabschiedete, landete der dritte Kuss direkt auf meinem Mund! Es war zu spät um auszuweichen, ich hatte ja nicht damit gerechnet! Verwirrt verließ ich das Studio. Verwirrt, aber auch mit einem Grinsen im Gesicht, wenn ich ehrlich bin. Diese kurze Berührung hatte etwas in mir hervorgeholt und ausgelöst, das ich so sehr vermisst hatte. Es hatte

Emotionen geweckt, die ich nach meinem schweren Zusammenbruch aufgrund meiner letzten, wirklich ungesunden Beziehung, verdrängt hatte. Vielleicht hatte ich sie sogar gar nicht mehr für möglich gehalten. Und jetzt war alles schlagartig zurück und ich wollte mehr davon! Ich verlor mich in Tagträumen und fing an zu überlegen, wie es denn wäre, wenn wir am Abend zusammen weggehen würden. Schön am Strand, ein Gläschen Wein. Ihn näher kennenlernen. Einfach nur, um etwas trinken zu gehen und zu quatschen, während die Sonne über dem Meer untergeht. Ich könnte doch zumindest noch so einen Kuss erhaschen. Ein Kuss wäre doch völlig harmlos … Natürlich wusste ich ganz genau, dass Männer wie Jean nicht einfach nur *„was mit mir trinken"* gehen wollen. Deswegen verdrängte ich den Gedanken ganz schnell wieder. Zumindest für ein paar Stunden, bis diese leise Stimme in mir wieder lauter wurde: „Du wolltest dir heute ja eh mal einen freien Abend gönnen und hast nichts geplant. Es wäre doch so schön! So leben andere doch auch. Alle anderen Frauen verabreden sich und haben Spaß. Und nach all dem, was man dir angetan hat, hast du das auch wirklich verdient. Du dachtest ja eh, dass du dich nie wieder verlieben können würdest nach deiner schrecklichen Erfahrung. Es wäre vielleicht ganz gut, das mal zu testen."

Ist es nicht interessant, wie kreativ wir Frauen werden, wenn wir etwas wollen, von dem wir eigentlich wissen, dass es uns nicht guttut? Wir finden immer einen neuen Grund, weshalb wir dringend noch dieses eine Paar Schuhe brauchen, auch wenn wir schon zweihundert Paar besitzen. Wie gesagt, ich war ganz allein in diesem schönen Appartement. Das ist ideal zum Arbeiten und macht mir auch gar nichts aus. Ganz im Gegenteil, die Ruhe tut mir gut, weil ich ja sonst das ganze Jahr immer umgeben bin von vielen Menschen. Doch es gibt natürlich auch diese Momente, in denen man sich nach jemandem sehnt. Danach sehnt, gehalten zu werden. Umarmt zu werden. Jemanden zu haben, für den man kochen und mit dem lachen kann.

Ja, diese Momente, in denen man auch denkt: „Es ist Freitagabend, alle gehen feiern, und du, du arbeitest an einem Album, schreibst Lieder und weißt nicht einmal, ob sie gehört, geschweige denn erfolgreich werden." Und so hatte es mich an diesem Tag besonders schwer erwischt. Ich kämpfte damit, diese Gedanken in den Griff zu bekommen, und fuhr tatsächlich in eine andere Stadt, nur um mich abzulenken. Doch das Wetter war so schlecht, dass ich anfing zu frieren und nicht lange blieb. Meine Stimmung kippte: „Siehst du, alleine ist alles doof." Auf dem Heimweg suchte ich weiter nach einer „gesunden" Ablenkung: „Komm, ich ruf mal eine Bekannte an. Vielleicht ist das Päckchen angekommen, das ich mir an ihre Adresse habe schicken lassen." Ich suchte nach ihrem Namen in meinen Kontakten und rief an. Marinette.

Ein Mann nahm ab, und da ich wusste, dass ihr Sohn zu Besuch war, verwunderte es mich erst einmal nicht sonderlich. Als er aber sagte: „Wenn ich dich eh schon *zufällig* dran habe, ich wollte dich heute Morgen noch was fragen", spürte ich, dass hier irgendetwas nicht stimmte. Die Verbindung brach ab und ich musste erneut die Nummer meiner Bekannten wählen. Immer noch verstand ich die Situation nicht ganz. „Ja, Déborah, ich wollte dich fragen, ob wir heute Abend was trinken gehen wollen?“ Moment, das war doch nicht Marinettes Sohn! Er würde mich so etwas nicht fragen. Und so langsam kam eine Vorahnung auf, wer das sein könnte, auch wenn es absolut keinen Sinn machte und unmöglich war: Jean! Ich verstand die Welt nicht mehr! Ich hatte doch Marinettes Nummer in meinen Kontakten gesucht und dort angerufen! Jean hatte ich einmal vor Wochen im Fitnessstudio angerufen, als es um meine Mitgliedschaft ging! Diese Nummer hatte ich nicht einmal gespeichert! Wie geht das? Ich hörte mich antworten: „Nein!“ Doch er ließ nicht locker: „Wieso nicht?“ Ich erzählte ihm, dass ich am Wochenende weg sein würde. Es entsprach der Wahrheit, doch merkte ich, dass es mir schwerfiel, ihm ein klares Nein zu geben, weil ich in meinem Herzen irgendwo noch ein kleines Hintertürchen offen gelassen hatte. Eine kleine Hoffnung, ihn doch zu sehen.

In meinem letzten Buch hatte ich genau diesen Bibelvers schon zitiert, weil er so wichtig ist. Und ich möchte es nochmals tun und wiederhole mich auch gern bis zu meinem letzten Buch, denn wir müssen ihn unbedingt auswendig lernen, wenn wir ein beständiges Leben führen wollen:

> „Sag einfach ‚Ja‘ oder ‚Nein‘. Alle anderen Beteuerungen zeigen nur, dass du dich vom Bösen bestimmen lässt.“ *Matthäus 5,37*

Ja, mein Zweifeln, mein unsicheres Auftreten am Telefon, diese kleine Öffnung in meinem Herzen wurde mir zum Verhängnis, denn seine Antwort folgte prompt: „Kein Problem, ich komme mit.“ Jetzt wusste ich nicht weiter und legte einfach auf. Die Verbindung war eh schlecht gewesen. Und in mir hatte ein Kampf begonnen! Hätte ich ihm klar gesagt, dass ich das nicht will, wäre die Sache hier erledigt gewesen! Doch ich wusste ja selbst nicht, was ich wollte! Beziehungsweise, ich wollte das Treffen und kämpfte damit, *es mir wert zu sein*, mich vor diesem Fehler zu bewahren. Nicht weil Daten grundsätzlich falsch ist! Verstehe mich nicht falsch! Aber es gibt eine gesunde Art von Daten und eine, von der wir, wenn wir ehrlich sind, spüren, dass etwas ganz anderes dahintersteckt! **Wir müssen lernen, klar zu sagen, was wir wollen und was wir nicht wollen! Sei es dir wert, Nein zu sagen!** Ich musste rechts ranfahren, denn mein Herz raste und ich wollte überprüfen, wo der Fehler lag. Wieso hatte er überhaupt den Anruf entgegengenommen, wo ich doch bei meiner Bekannten angerufen hatte? Von meiner Mutter ließ ich mir die Nummer von Marinette schicken und tatsächlich war es eine völlig andere. Jahrelang hatte ich doch diese Nummer gewählt. Ich verstand wirklich nichts mehr. Kurz dachte ich: „Wow, davon hast du doch geträumt! Was für ein Zufall, dass es so gelaufen ist!“ Für eine Frau, die auf der Suche nach Bestätigung ist, ihren wahren Wert aber noch nicht erkannt hat, ist das ein Jackpot-Moment. Sie würde sagen: „Es ist Schicksal.“ Und sich mit diesem eigentlich fremden Mann verabreden. Wieso auch nicht, sie ist ja Single. Doch sie ist eine Frau, die ohne den Schutz Gottes lebt, von dem ich ganz am Anfang schrieb. Ausgeliefert. Sie rennt auf der Suche nach Liebe in den nächsten Schmerz.

Ich weiß, dass ich ein Kind Gottes bin! Über die Jahre, durch viele Fehler und viele Schmerzen durfte ich erkennen, dass ich für ihn so wertvoll bin, dass ich mit offenen Augen durchs Leben laufen muss! Ich war es ihm wert, dass er ALLES für mich gegeben hat bis in den Tod.

Okay, ich muss nicht einmal so weit ausholen. Ich war es ihm wert, mich vor dem Tod aufgrund meiner Magersucht zu bewahren. Ich war es ihm wert, dass er mich aus der tiefsten Depression nach einer traumatischen Beziehung befreit hat. Da sollte ich es mir doch zumindest wert sein, dass ich mein Leben mit dem Körper, den Er mir dazu geschenkt hat, respektiere und schütze. **Ich will es mir wert sein, die Lügen in meinem Kopf zu zerstören, die mir irgendetwas anderes einreden wollen, als dass ich absolut kostbar und wertvoll bin und es verdient habe, mich selbst auf höchstem Niveau zu behandeln – und von anderen behandeln zu lassen.** Denn ich bin Gottes Eigentum und keiner, den Gott nicht für mich bestimmt hat, hat ein Anrecht auf mich, meinen Körper oder meine tiefsten Emotionen. Gott will, dass ich mein einzigartiges Ich behandle und beschütze wie ein Unikat! Klingt radikal? Ganz ehrlich, nur so verstehen wir es und lassen kein Hintertürchen offen, das gefährlich für uns werden könnte! In dieser verführerischen Situation mit Jean konnte ich nun für einen kurzen Moment anhalten und die Lage checken. Und genau das ist der Schlüssel. Geh (innerlich) immer einen Schritt zurück, betrachte die Situation nochmals aus der göttlichen

Perspektive und frage dich, was hier eigentlich wirklich los ist? Welche Gefahr lauert vor der Tür? Ein Stoßgebet: „Gott schenk mir Kraft zu widerstehen und zu erkennen, was hier gerade abgeht." Es war eben kein Schicksal, es war auch nicht Gott, der das so geführt hat. Bei diesem bewussten „Schritt zurück" konnte ich folgende Wahrheit plötzlich ganz klar erkennen: Ich war in Südfrankreich, um Lieder für mein Album zu schreiben. Punkt. Lieder, die Hoffnung schenken und – so dramatisch das klingen mag – in manchen Fällen sogar ein Auslöser dafür sind, dass eine junge Frau ihr Leben nicht beendet, obwohl sie es eigentlich vorhatte.

Wem gefällt das nicht? Dem Feind. Dem Teufel. Der ist real, und er wird es immer wieder versuchen, dich bei deinen Sehnsüchten zu packen, weil du da am anfechtbarsten bist. Besonders, wenn du die Tür einen Spaltbreit aufgelassen hast! Auch hierfür hat Gott uns aber ein Versprechen mitgegeben. Ich schreibe dir den Vers auf, damit du ihn dir ins Herz schreiben kannst und dich jeden Tag aufs Neue dafür entscheidest:

> „Unterstellt euch Gott und widersetzt euch dem Teufel. Dann muss er von euch fliehen." *Jakobus 4,7*

Du hast also Autorität über seine Sticheleien gegen dich, wenn du dich Gott unterstellst! Der Feind *muss* vor dir fliehen! Ich verrate dir jetzt was: Es wird keine einzige Situation in deinem Leben stattfinden, auf die Gott nicht vorbereitet war und für die er dich nicht vorbereitet hätte! Er hat nicht übersehen, dein Umfeld mit einzuplanen, als er dich erschaffen hat. Sogar die

Situation, in die du dich selbst gebracht hast, hatte er schon auf dem Schirm, und es ist ihm eine Freude, an einer liebevollen Lösung zu arbeiten, um dich da wieder herauszuholen, wenn du dich ihm unterstellst! Er kann nicht anders, als dich zu retten. Weil er dich liebt! Doch dafür erwartet er von dir, dass du bewusst handelst und Gegenwehr leistest, wenn die Versuchung an deine Tür klopft. Das ist dein Part, deine Verantwortung! Wenn ich morgens aufstehe, dann bete ich oft: „Herr, ich gehöre dir. Bewahre meine Gedanken und hilf mir, mit dem Fokus auf dich gerichtet zu leben, um nichts zu tun, was dir nicht gefällt."

Gerade heute zum Beispiel. Ich bin ja, wer hätte es geahnt, schon wieder in Südfrankreich, um dieses Buch zu schreiben. Heute Nachmittag wollte ich mir unbedingt eine Auszeit nehmen und mit einem Katamaran fahren. Da gibt es Ausflugs-Angebote mit Barbecue, DJ und viel Spaß. Doch ich hatte keine Lust auf angetrunkene Männer, die man nicht wieder loswird. Also betete ich: „Gott, du siehst, ich hab so Bock, heute da mitzufahren und zu tanzen! Bewahre mich bitte vor anstrengenden Männern." Aber genauso verpackt man Alltagssituationen in ein Gebet. Ehrlich. Ich hoffe, du verstehst, was ich meine, wenn du das liest. Ich finde Männer toll, aber auf das Partyvolk hatte ich jetzt, während ich das Buch schreibe, keine Lust. Und da Gott einfach genial und kein Spielverderber ist, landete ich inmitten eines Junggesellinnen-Abschiedes. Wir lachten zusammen, tanzten zur lauten Musik und schlussendlich saßen sie vor mir, während ich ihnen erzählte, wie ich durch das Gebet von meiner Essstörung geheilt wurde. Ich würde sagen, das war eine Win-win-Situation für Gott und für mich! Er ist doch kein Spielverderber! Das musst du dir wirklich merken! Mit ihm kannst du den größten Spaß erleben, lachen, tanzen, feiern, und hast den Zusatz seines Schutzes über deinem Leben! Wenn das nicht Gold wert ist! So ein kleines Gebet am Morgen ist also absolut wertvoll! Es ist ein Bewusstmachten der Gefahren, die jeden Tag auch vor deiner Türe lauern. Mit diesem Vers schenkt Gott uns also die Gewissheit, dass der Teufel keine Macht hat, wenn wir sie ihm nicht geben. Und das schaffen wir nur, wenn wir uns Gott unterstellen. Was eigentlich ein super Deal ist, denn alleine wird es uns niemals gelingen, gegen den Teufel zu kämpfen. Bete also ganz bewusst. Täglich aufs Neue.

In dieser so seltsamen Situation mit Jean erkannte ich also durch meinen bewussten „Schritt zurück“, dass es hier nicht mit rechten Dingen vor sich ging und mein Auftrag „Lieder der Hoffnung zu schreiben“ gefährdet war.

3.
Sei es dir wert ... Verantwortung zu übernehmen

„Ihr werdet die Wahrheit erkennen und die Wahrheit wird euch frei machen!“ *Johannes 8,32*

Hier ist er noch mal, mein absoluter Lieblingsvers, und ich werde ihn sicher wieder und wieder erwähnen. Durch meinen bewussten Perspektivwechsel in dieser Situation hatte ich die Wahrheit erkennen und mich von meinen emotionalen Wünschen und Sehnsüchten lösen können. Es ist in solchen Momenten einfach so wichtig, sich nicht nur auf sich selbst zu verlassen, sondern Menschen zu haben, denen man sich anvertrauen kann! Und ich meine damit nicht Freundinnen, die einem raten: „Komm, check ihn einfach mal aus und dann siehst du weiter. Ein Abend ändert doch nichts“ oder „Cool, du musst mir nachher alles erzählen“. Nein! Das sind möglicherweise Frauen, die dich fallen sehen wollen, weil sie eifersüchtig oder mit sich selbst unzufrieden sind! **Du brauchst Freundinnen, die dich nicht nur bestätigen, sondern auch herausfordern! Frauen, die schon weiter sind als du!** Frauen, die mit festen Werten leben und stark sind und wissen, worauf es nicht nur dir, sondern Gott ankommt. Damit sie in solchen Momenten Klarheit in dein Leben bringen können und die Dinge an- und aussprechen, die du gerade vielleicht selbst nicht sehen und auch nicht hören möchtest!

> „Ein Freund meint es gut, selbst wenn er dich verletzt; ein Feind aber schmeichelt dir mit übertrieben vielen Küssen.“ *Sprüche 27,6*

Sofort, ohne zu zögern, zog ich mein Smartphone aus der Tasche und rief nochmals bei meiner Mutter an. Wieso? Weil ich Verantwortung für mich selbst übernehmen wollte. Ich wollte Rechenschaft ablegen, bevor etwas passiert. Denn ich wusste, sobald meine Mutter erfuhr, was passiert war, würde sie am nächsten Tag rückfragen, ob ich mich mit ihm getroffen hätte. Und da ich nicht lügen kann, würde es rauskommen. Das tat ich nicht, um mir selbst ein Bein zu stellen. Ich tat es, weil ich tief im Inneren wusste, dass es das Richtige war. Und weil ich es mir wert war. Auch bei diesem Punkt werde ich mich immer wieder wiederholen. **Warte nicht auf den Tag, an dem dir jemand anderes deinen Wert bestätigt. Sei du es dir selbst wert!** Außerdem schickte ich meiner Freundin eine Sprachnachricht und erzählte ihr, was geschehen war. Mir war das wichtig, denn sie selbst war völlig anders aufgewachsen als ich und so interessierte es mich, was sie wohl sagen würde. Ob ich, jetzt zu „fromm“ reagiert hatte oder richtig. Ihre Antwort folgte prompt und klar: „Déborah, du steckst aktuell so im Umbruch und es öffnen sich viele Türen für dich. In zwei Wochen erscheint dein Buch „Stärker denn je“ und du lebst gerade so eng mit Gott. Das ist eindeutig der Teufel, der dir hier einen Streich spielen und dich von genau diesen Aufgaben ablenken wollte.“ Die Antwort war klar. Und ich konnte nicht weghören. Es bestätigte nur das, was ich ohnehin schon wusste. Doch irgendwo in mir waren doch diese fünf Prozent, die sich gerne auf dieses Treffen eingelassen hätten …

Ich ging in mein Studio-Appartement zurück. Alleine. Eigentlich wollte ich noch weiter an meinen Songs arbeiten, doch ich war zu frustriert. Wieso musste ich immer so alleine sein? Wochenende. Von draußen hörte man fröhliches Lachen der vorbeilaufenden Familien, die auf dem Weg in ein Restaurant sind, um lecker zu essen. Paare, die sich umarmten. Und ich? Allein. Allein. Allein. Die Fragen und die große Einsamkeit, die nur selten in mir hochkommen, überrannten mich in diesem Moment. Natürlich genau an diesem Abend. Heute weiß ich, wie man mit solchen Momenten umgeht und dass die Einsamkeit eine Lüge ist. Ich war so traurig, dass ich mich gegen 18 Uhr aufs Bett legte und erst einmal eine Stunde schlief. Als ich wach wurde, wollte ich eigentlich weiterschlafen. Doch es wäre zu schade gewesen um den noch so jungen Abend, dachte ich. Wieder diese leise Stimme: „Wenn du ihn anrufst, dann könnt ihr euch sicher noch treffen.“ In Südfrankreich wird ja frühestens um 20 Uhr zu Abend gegessen. Dennoch rief ich nicht bei ihm an, denn ich hatte jetzt schon zwei Personen Bescheid gegeben, und die würden morgen sicher nachfragen.

Das war in dem Moment mein Schutz. Stattdessen tat ich, was die meisten Frauen tun würden: Ich ging an den Kühlschrank und versuchte, mich abzulenken. Doch lange hielt das nicht an, so legte ich mich zurück auf mein Bett und scrollte gelangweilt durch Instagram, als mir dieser Vers in die Augen schoss:

> **„Abraham wartete geduldig; und schließlich ging in Erfüllung, was Gott ihm versprochen hatte."**
> *Hebräer 6,15*

In diesem Moment sprach mich das extrem an! Ich hatte so oft gehört, dass Gott es liebt, wenn man ihm vertraut! Abraham konnte es. Ich wollte es auch können. **Vertrauen bedeutet, geduldig zu sein.** Und das ist eben das, was gegen alles in der heutigen Zeit spricht. Ich will das neue Album, das vor einer Minute auf iTunes erschienen ist. Mit einem Klick habe ich es. „Wow, Sie tragen ja tolle Schuhe", mache ich einer Passantin ein Kompliment. „Ah, die habe ich online bestellt." Nicht mal eine Minute später habe ich mein Phone hervorgeholt, die Schuhe auch schon gefunden und auf „Bestellen" geklickt. Alles ist uns heutzutage so schnell möglich. Wir wollen etwas haben. Wir bestellen es. Wir haben es. Überlegen oft nicht einmal, ob wir es wirklich brauchen bzw. ob es wirklich gut für uns ist. Doch wir wissen, wir können es ja problemlos und kostenfrei zurückgeben. Also hören wir auf zu überlegen. Und genau hier liegt das Problem. Bei so unwichtig erscheinenden Fragen wie „Soll ich mit ihm was trinken gehen?" überlegen wir nicht mehr und gehen einfach mal. Doch was an solch einem Abend geschieht, kannst du nicht einfach rückgängig machen. Und oft zahlen wir einen hohen Preis dafür.

Ich möchte nicht einmal vom Schlimmsten ausgehen. Die harmloseste Situation: Du gehst mit ihm weg, ihr unterhaltet euch und er sagt dir einfach nur: „Mädchen, bist du verklemmt. In was für einer Welt lebst du eigentlich? Wieso willst du nicht mit mir ins Bett?“ Wenn du nicht stark genug bist, würdest du an diesem Punkt schon anfangen, der Lüge Raum zu geben und – wenn auch nur unterbewusst – anfangen zu überlegen: „Stimmt eigentlich, da draußen ist eine ganz andere Welt am Start. Bin ich falsch? Wieso nennt er mich verklemmt? Verpasse ich was?“ Und statt einen Schritt nach vorne zu gehen, machst du einen Rückschritt. Deswegen ist es so wichtig, gut zu überlegen, mit wem du Zeit verbringst! **Sei es dir wert, deine Zeit richtig zu investieren!** Die lebensverändernde Situation wäre: Du lässt dich auf das Date ein, ihr landet im Bett und du findest Wochen später heraus, dass du schwanger bist, und kennst nicht einmal seinen Nachnamen. Wie viele junge, liebe und unscheinbare Mädchen standen weinend da und sagten: „Wirklich, ich hatte das nie vor. Es war ja nur das eine Mal …“ Keiner von uns kann sagen: „Mir würde das nie passieren.“ Ich erinnere mich an eine Situation aus meiner Jugend, in der ich mit einem Model zusammen war. Für mich war das absolut überwältigend und unverständlich, denn meine Freundinnen, die alle auf ihn standen, waren in meinen Augen viel hübscher als ich. Doch er wollte wirklich mich, die damals Mollige?! Wir waren erst frisch befreundet, als es diesen einen Moment im Auto gab, in dem ich alles vergessen wollte und ihm alles geben wollte! Doch plötzlich bremste er ab und meinte: „Ich kann nicht. Ich kann dich einfach nicht berühren. Du hast etwas Göttliches an dir. Es geht nicht." Was war ich in dem Moment sauer auf meine Eltern! Denn ich wusste, dass sie daheim saßen und für mich beteten! Wieder einmal ein so krasser Beweis dafür, dass Gott Gebete erhört! Heute bin ich so dankbar, dass nicht mehr aus diesem Moment geworden ist, in dem ich aus einer Emotion heraus alle meine Werte über Bord werfen wollte. Und ganz nebenbei – kurz darauf flog er für einen Job nach New York und lernte dort ein hübsches Model kennen, für welches er mich vermutlich schnell abserviert hätte. **Sei es dir wert, geduldig zu sein!**

In dieser Situation mit Jean und in dem Moment der großen Einsamkeit war ich weiser und reifer als damals. Leise betete ich: „Gott, ich vertraue dir von ganzem Herzen, auch wenn es gerade sehr wehtut. Ich möchte nicht für immer alleine sein. Hilf mir, die richtigen Entscheidungen zu treffen. Nicht aus Emotionen heraus, sondern aus meinem Vertrauen zu dir." Statt mich in Selbstmitleid zu suhlen, wie ich das schon so oft getan hatte, machte ich mich zurecht, als hätte ich *ein Date mit mir selbst*, und brach nochmals auf an den Strand. Das liest sich jetzt gerade leicht, doch es hat mich definitiv einiges gekostet! **Jeder nächste Schritt in deinem Leben ist immer eine Entscheidung!** So langsam ging die Sonne unter und ein wunderschönes Lichtspiel zeigte sich am Himmel. Ich saß in meinem neuen, wunderschönen Kleid im warmen Sand und lauschte den Wellen, während ich darüber nachdachte, was heute geschehen war. Innerlich betete ich die ganze Zeit. Ich hatte vorgehabt, während meiner Zeit in Südfrankreich meinen Song „One Prayer", der die Geschichte meiner Heilung aus der Essstörung beschreibt, ins Deutsche zu übersetzen. Er war schon auf Englisch so erfolgreich gewesen und ich war überzeugt, dass er in der eigenen Sprache nochmals tiefer gehen würde. Doch die Muse wollte mich einfach nicht küssen. An jenem Abend aber, in meiner Traurigkeit und mittlerweile auch im Dunkel der Nacht, zog ich mein kleines Notizheft aus der Tasche und begann zu schreiben:

Ich war völlig verloren.
Kein Ausweg in Sicht
Alles in mir zerbrochen
Ohne Hoffnung für mich

Dort im Dunkel der Nacht
Verließ mich die Kraft
Den Kampf schon längst verloren
Wohin sollte ich gehen
Wer würde mich jetzt noch verstehen?

Doch eine Nacht
Eine Seele
Ein Herz
Ein verzweifelter Schrei
Ein Gebet – kann es mich befreien?
Ja, es kann mich befreien!

Eigentlich beschreibt dieser Song die Nacht, in der ich meine Eltern für mich hatte beten hören. Die Nacht, die mir das Leben rettete, als ich magersüchtig war. Doch in diesem Moment machte dieses Lied für so viel mehr Situationen Sinn. Auch für genau diesen Moment. Ich musste nur beten. Und glauben. Und vertrauen. Vertrauen wie Abraham. Obwohl ich noch nicht wusste, wie es weitergehen würde. Vertrauen, dass auch ich den Mann treffen würde, der für mich bestimmt ist. Und vertrauen, dass ich mich an diesem Abend richtig entschieden hatte. Über mein Smartphone ließ ich das Playback zu One Prayer laufen, während ich immer wieder mitsang, um zu überprüfen, ob der Text auch wirklich passt. Ich war so ergriffen und musste immer wieder so schwer schlucken, dass ich sehr viele Anläufe brauchte. Mir war es egal, wie viele Menschen das hören und sehen konnten. Ich wusste, dass dies ein göttlicher, ein von Gott gewollter und vom Teufel fast zerstörter Moment war. Ja, Gott hatte diesen Moment gewollt. Sogar geplant. Die Geburtsstunde eines ganz außergewöhnlichen Songs. Es lag nur eine Entscheidung dazwischen. Meine Entscheidung, meinen eigenen Emotionen zu folgen oder Gott zu vertrauen! Es war *meinem freien Willen überlassen*! **Zwischen Segen und einem schweren Leben liegt oft nur die Entscheidung, den eigenen Emotionen willkürlich nachzugeben oder aber Gott sein ganzes Leben anzuvertrauen!**

Ich schmunzle ja eigentlich immer über diese Diskussionen, ob Gott uns einen freien Willen lässt oder nicht. Ganz ehrlich? Ich bin überzeugt davon, dass er es tut. Und dass genau DAS den

Unterschied ausmacht, ob du deine volle Bestimmung (er-) lebst oder nur ein paar Prozent davon. Oh, keine Sorge, ich klinge jetzt gerade besonders stark und heilig, doch viele Male davor habe auch ich mich falsch entschieden und musste den Preis dafür teuer bezahlen. Es muss ja nicht gerade katastrophal ausgegangen sein, doch es war nie so, dass ich sagen konnte: „Das hat mich jetzt weitergebracht." Solche Situationen gingen meist so aus, dass ich mit Händen und Füssen erklären musste, weshalb ich nach dem Drink nicht mitgehe. Weshalb ich nicht der Typ für „One-Night-Stands" bin. Ja, ich werde hier in diesem Buch sehr offen und ehrlich mit dir über diese Themen sprechen, da ich mir selbst gewünscht hätte, jemand hätte mit mir so geredet. Nämlich Klartext und ohne großes Drumherum. Für manche wird es etwas „extrem" sein, da sie wie ich sehr wohlbehütet und etwas konservativ erzogen worden sind. Für andere wiederum das Normalste auf Erden und auch dann, oder gerade dann, hoffe ich, dass du genau mitliest. Denn oft verlieren wir die Sicht auf die Schönheit der Dinge, wenn alles *normal* geworden ist, weil wir ja so *cool* mit solchen Themen umgehen. Dass cool auch kalt bedeutet, ist sicher kein Zufall. **Wenn wir zu kalt dafür geworden sind, uns zu hinterfragen und das, was unseren Wert ausmacht, zu beschützen, dann geraten wir sehr schnell in Gefahr.**

Ich wünschte, ich hätte mit jemandem darüber reden können und man hätte nicht aus allem gleich ein Tabu bzw. eine Sünde gemacht. Doch ich war damals in einem eher konservativen kirchlichen Kontext eingebettet. Und ich selbst muss schmunzeln, während ich das hier schreibe, denn das traut mir wohl keiner zu. Ich muss auch sagen, dass es absolut nicht nur Schlechtes mit sich gebracht hat. Ich habe dadurch oft mal übertrieben mit den Grenzen, die ich mir selbst gesetzt habe. Doch lieber einmal zu extrem als einmal zu wenig. Denn die Konsequenzen eines Fehlers sind oft sehr viel schwerwiegender als der Fehler an sich.

Und ganz ehrlich, es hat mir nicht geschadet, mit einer gewissen Strenge erzogen worden zu sein, die definitiv von meiner Oma kam. Wie sollen Eltern auch alles richtig machen? Je älter ich werde, desto mehr bewundere ich meine Eltern! Denn gerade eben waren sie selbst noch Kinder, und plötzlich sollten sie wissen, wie alles funktioniert? Unmöglich. Was ich an meinen Eltern immer so geschätzt habe, ist, dass sie uns in diesem Prozess mitgenommen haben. Ich habe von meinen Eltern schon oft gehört: „Das tut uns so leid, wir haben es einfach nicht besser gewusst.“ Und das ist alles, was es im Leben immer wieder braucht. Ein „Es tut mir leid!“, und dann kann es weitergehen. Natürlich prägt deine Erziehung die Art, wie du heute Verantwortung für dein Leben übernimmst, und nicht jedem ist das mit anerzogen worden. Ich wurde anhand meines eigenen Lebens darauf aufmerksam und habe mich entschieden, mit offeneren Augen durchs Leben zu gehen und es mir wert zu sein, konsequent Verantwortung für mich zu übernehmen. Denn auch das beginnt mit einer Entscheidung.

4.
Sei es dir wert ... keine Kompromisse einzugehen

Nun aber zurück zu meiner eigentlichen Geschichte. Wir waren in Südfrankreich und ich hatte gerade ein verführerisches Date abgesagt. Und ja, ich habe erlebt, dass hinter dieser Entscheidung, die mich etwas gekostet hat, ein versteckter Segen lag. Deswegen rede ich mit dir so offen über diese Themen, die wir oft nicht ansprechen, weil wir Angst vor der Meinung der anderen haben. Denn nur so verliert der Teufel seine Power. Ich könnte natürlich statt Teufel auch „das Böse" schreiben. Doch das wäre ja auch schon wieder ein „Drumherum-Gerede" und das würde nicht zu mir passen.

> **„Niemand, der in Versuchung gerät, kann behaupten: ‚Diese Versuchung kommt von Gott.' Denn Gott kann nicht vom Bösen verführt werden, und er verführt auch niemanden zum Bösen."** *Jakobus 1,13*

Wer in der Bibel liest, ist eindeutig im Vorteil, nicht wahr? Denn selbst wenn ich nur das lese, dann weiß ich eigentlich schon, dass die Situation mit dem gut aussehenden Fitnessstudio-Besitzer nicht von Gott kam. Ich breche es noch weiter herunter. Hätte er mich erst einmal umworben, hätte die Situation schon ganz anders ausgesehen. Wow, was für ein altmodisches Wort, aber ich finde gerade kein besseres, das genauso passen würde. Allein das zeigt uns ja, dass es aus der Mode gekommen ist, jemanden zu umwerben, also „mit Zeit" und ohne Druck kennenlernen zu wollen. Sei es dir wert, dich umwerben zu lassen! Denn es steckt solch eine Schönheit in dieser Zeit! Und weißt du was? Wenn ein Mann wirklich DICH will, dann wird er warten, um dich kämpfen, geduldig sein. Ja, das tun viele Männer sogar gern, wenn sie ein Ziel vor Augen haben! Sei es dir also wert, diesen Test zu machen! Jean aber ist sofort in die Vollen gegangen. Ohne Rücksicht auf Verluste. Eher mit einer Gleichgültigkeit gegenüber Verlusten. Und somit war es einzig und allein eine pure Versuchung. Und diese kam definitiv nicht von Gott. Somit konnte ich gleich erkennen, dass das hier eh niemals zu einem Happy End führen würde. Verstehst du, was ich meine? Ich finde es so cool, dass ich die Bibel sogar für meine Dates und mein Liebesleben anwenden kann. Dass sie mir sogar im Vorhinein schon zeigen kann: „Déborah, der Typ ist deine Zeit nicht wert – lauf weg und nutz die kostbaren Stunden lieber für etwas Sinnvolles." Somit habe ich mir Zeit, Ärger, Tränen und ein weiteres gebrochenes Herz erspart. Wie praktisch!

„Prüft in allem, was ihr tut, ob es Gott gefällt."
Epheser 5,10

Darüber *muss* gesprochen werden! Es *muss* alles raus, damit es keine Macht mehr über dich hat! Und wenn du siehst, dass du damit in deinem Umfeld nicht ankommst, dann musst du etwas an deinem Umfeld ändern! Ich sagte es schon einmal: Du brauchst Menschen, die weiter sind als du selbst!

„Werdet in eurem Glauben nicht träge und gleichgültig, sondern folgt dem Beispiel der Christen, die durch ihr Vertrauen zum Herrn standhaft geblieben sind und alles erhalten werden, was Gott zugesagt hat.“ *Hebräer 6,12*

Gleichgültig hätte bedeutet, dass ich diesen kleinen Kompromiss eingehe. Klingt ja nicht wild: „Wir gehen ja nur was trinken.“ „Was trinken“ bedeutet meistens aber, dass man ein Glas Wein oder zwei trinkt und dadurch die Wahrnehmung schon getrübt ist. Nicht in allen Fällen ist es so und vielleicht bist du da sehr stark, doch ich denke an viele E-Mails, die bei mir eingegangen sind, in denen mir Mädchen schrieben: „Déborah, ich wollte das gar nicht wirklich, aber dann …!“ Bis hin zu: „… und jetzt bin ich schwanger, was soll ich tun?“ Bähm. Auf einen Schlag ändert sich dein Leben komplett. Natürlich gibt es immer einen Weg. Natürlich ist Gott so unfassbar liebevoll und gnädig und natürlich hat er immer einen Plan B. Doch wenn du die Wahl hast zwischen Plan A und Plan B, wofür entscheidest du dich?

„Achtet also genau darauf, wie ihr lebt: nicht wie unwissende, sondern wie weise Menschen.“ *Epheser 5,15*

Über diese Dinge musst du dir klar werden, *bevor* du in solch verführerische Situationen gerätst. Nicht erst dann! Denn sonst wirst du zu schwach sein. Und bitte denke jetzt nicht: „Ach, mir passiert das nicht! Das erleben nur so auffallende und extrovertierte Blondinen, wie die Déborah es ist." Soll ich meine E-Mails nochmals erwähnen? Sie stammen von den verschiedensten Frauen. Wahrscheinlich sind darunter auch viele, die auf den ersten Blick gar nicht so besonders auffallen. Aber es passiert den Schüchternen ebenso wie den Auffälligen. Warum ist das so? Weshalb gerade den Unscheinbaren noch häufiger? Das kann ich dir verraten: Weil sie oft noch weniger wissen, wie wertvoll sie sind, und genau das dann auch ausstrahlen. Dadurch werden sie für manche Männertypen zu „gefundenem Fressen". Ihnen passiert es womöglich auch seltener, dass sie so offensiv angebaggert werden. Und in diesem einen Moment denken sie vielleicht: „Ach, wenn mich schon mal einer will …!" Aber dann ist der große Schmerz vorprogrammiert! Das möchte ich verhindern! **Du musst deinen Wert kennen! Einen Wert, der unabhängig von deinem Äußeren ist!** Denn ja, du bist einzigartig, gewollt, perfekt in Gottes Augen. Er hat einen so guten Plan für dein Leben! Dein Job ist es, ihm zu vertrauen!

Gerne möchte ich dir mit diesem Buch die Augen für ein unerschütterliches Vertrauen öffnen. Dafür musst du dich auf ein Experiment einlassen. Ich kenne deinen Background nicht. Vielleicht bist du schon lange gläubig, vielleicht ist dieses Buch ja auch nur „zufällig" in deine Hände geraten. Während du dieses Buch also liest, bitte ich dich, in der Zeit ganz bewusst nach diesem Vers leben:

„...lebt nach Gottes Willen. Dann wird er euch mit allem anderen versorgen." *Matthäus 6,33*

In diesem Fall gefällt mir die Lutherübersetzung sogar noch besser:

„Trachtet zuerst nach dem Reich Gottes und nach seiner Gerechtigkeit, so wird euch das alles zufallen."

Es bedeutet, dass wir uns vor jeder nächsten Handlung hinterfragen: „Ist das jetzt Gottes Wille?" Und mit der Antwort dann kompromisslos leben. Gar nicht so leicht im schnelllebigen Alltag. **Doch glaub mir, du bist stärker als deine Schwachheit. Mutiger als deine Mutlosigkeit. Wacher als jede Müdigkeit. Und fähiger als jede Unfähigkeit! Es ist immer eine Entscheidung.**

5.
Sei es dir wert ... um Weisheit zu bitten

An jenem Tag meiner Versuchung in Südfrankreich hatte ich mich absolut richtig entschieden! Denn nicht nur ist daraus ein Song entstanden, der das Leben einiger Menschen verändert hat, ich bin am nächsten Morgen auch überglücklich und ja, stolz auf mich aufgewacht! Ich habe mich stark und gut gefühlt. Und natürlich bin ich auch an diesem Morgen wieder ins Fitnessstudio. Ich bin extra sehr früh hin, weil ich wusste, dass Jean da noch nicht arbeiten würde. Ausgerechnet an diesem Tag war er aber ausnahmsweise früher im Studio. Als hätte er mich erwartet. Es war so früh, dass außer uns beiden weit und breit niemand anderes trainierte. Jean stellte sich direkt neben mein Laufband, obwohl ich deutlich zeigte, dass ich kein Interesse hatte, mit ihm zu reden, und die Kopfhörer als eindeutiges Zeichen meines Desinteresses in den Ohren ließ. Doch er wartete geduldig. „Baby, du weißt gar nicht, was du verpasst hast“, waren seine ersten Worte. Und dann folgte der Satz, mit dem ich überhaupt nicht gerechnet hatte: „Gestern Abend war meine Freundin ausnahmsweise nicht zu Hause.

Wir hätten so viel Spaß gehabt!" Freundin? Die hatte er bis zu diesem Moment mit keinem Wort erwähnt! Und der Begriff „zu Hause" fiel auch zum ersten Mal. Siehst du! Ich hatte es doch gespürt, dass da mehr als „nur was zusammen trinken" dahinter war! Und natürlich ist es das, wenn ein Muskelprotz dich im Fitnessstudio anbaggert und noch nicht einmal deinen Nachnamen kennt! Wach auf, Prinzessin! Wir leben eben nicht in einer heilen Welt! Und gerade wir modernen Frauen mit Werten sollten weiser sein als andere! Wieso hinterfragen wir in diesen Momenten der Spannung und Aufregung nicht die Motive? Klar, weil ein Teil von uns sich genau das wünscht und sich nach dem Verbotenen sehnt. Würden wir einen Moment innehalten, einen Schritt zurücktreten und die Situation analysieren, dann würden wir uns oft großen Ärger ersparen.

> „Bemühe dich um das wirklich Wichtige: Weisheit, Selbstbeherrschung und Einsicht. Sie sind schwer zu erwerben, gib sie daher nie auf!" *Sprüche 23,16*

Dieser Vers sagt klipp und klar, was wirklich zählt: Weisheit, Selbstbeherrschung und Einsicht gewinnen. Er verrät auch noch, dass das nicht leicht ist. „Gib sie daher nie auf" bedeutet auch: **„Ja, du wirst versagen. Ja, es wird nicht immer klappen. Aber du darfst von vorne anfangen, du darfst weitermachen!"** Ich persönlich hätte diesen König Salomo, der die Sprüche geschrieben hat, nur zu gern kennengelernt. Andererseits wäre ich vielleicht auch ganz schön enttäuscht von ihm. Eines steht fest: Er war steinreich und hatte viele Frauen. Also so ziemlich alles, was man heute als „erfolgreich“ bezeichnen würde. Das Ziel, auf das die Menschen hinarbeiten, die sonst keinen Sinn im Leben erkannt haben. Und wenn du das biblische Buch der Sprüche mal komplett durchliest, was ich dir begleitend sehr empfehle, wirst du erkennen, dass es ihn absolut nicht glücklich gemacht hat. Nein, ganz im Gegenteil: Es hat Salomo fast verrückt gemacht zu erkennen, dass das alles so sinnlos und leer ist! Im „Intro“ der Sprüche steht Folgendes:

> „Der Wert des Buches:
> Die folgenden Lebensweisheiten sind in Sprüche gefasst von Salomo, dem Sohn Davids und König von Israel. Wenn du sie beachtest, wirst du lernen, dich im Leben zurechtzufinden.
> Sie helfen dir, dich selbst zu beherrschen, und machen dich fähig, gute Ratschläge zu erkennen und anzunehmen.“ *Sprüche 1,1-2*

Wenn wir es im Leben schaffen, uns selbst zu beherrschen und unsere Gedanken zu kontrollieren, dann haben wir tatsächlich gewonnen, dann sind wir reich! Denn es bringt nichts, Millionen auf dem Konto zu haben, aber unerfüllt zu sein, weil man seinen Auftrag nicht lebt! Was das mit einem macht, habe ich selbst erlebt und in meinem Buch „Stärker denn je“ aufgeschrieben. Finanziell gesehen hatte ich nie besonders viel und war immer abhängig von Gottes Fürsorge, um jeden nächsten Schritt gehen zu können. Sei es das nächste Musikvideo, die nächste Reise zu einem Networking -Anlass oder die Finanzierung des nächsten Albums. Doch immer ging es auf! **Wunder machen Spaß!** Ich lebte meinen Auftrag, der mich zu 100 % erfüllte. Dann kam ein Mann ins Spiel, der Geld hatte und ohne Abhängigkeit von Gott alle menschlichen Wünsche erfüllen konnte. Zwar war er gläubig, doch durch seine Kohle „brauchte" ich Gott nicht mehr für meine Musik. Merkst du, wie plötzlich alles kippte? Ich lebte ein Leben im Luxus. Ein Prinzessinnen-Leben. Doch ich durfte meinen Auftrag nicht mehr leben und wurde so unglücklich wie noch nie zuvor. Leer und depressiv. Bis ich zu Gott schrie, ihn um Weisheit für meine Situation bat und er mich durch einen schmerzhaften Prozess (oh ja, das gehört auch dazu) wieder herausholte. Wie gut kann ich König Salomon verstehen! So oft wiederholt er sich mit ähnlichen Versen:

> „Glücklich der Mensch, der weise und urteilsfähig geworden ist! Er ist reicher als jemand, der Silber und Gold besitzt." *Sprüche 3,13-14*

Was nun bedeutet das für dich konkret? Erst einmal das: Du kannst Gott direkt um Weisheit bitten. Denn Weisheit kommt von Ihm höchstpersönlich:

> „Wenn es jemandem von euch an Weisheit fehlt, soll er Gott darum bitten, und Gott wird sie ihm geben." *Jakobus 1,5*

Ich selbst bete regelmäßig dieses einfache Gebet: „Herr, bitte schenke mir Weisheit." Klar, natürlich klingt das erst einmal etwas komisch. Besonders als junger Mensch wirst du denken: „Äh, ich bin in einer absolut anderen Phase und hab erst einmal so viel anderes zu lernen. Komm du mir später mal mit deiner Weisheit." Doch ganz ehrlich, ich wünschte, ich hätte früher damit angefangen, sie zu suchen. Würde der Vers lauten: „Wenn es jemandem von euch an Erfolg, YouTube-Followern, Likes bei Insta oder Schuhen fehlt, soll er Gott darum bitten, und Gott wird sie ihm geben", dann wären wir sicher viel schneller auf den Knien. Lieber hätte ich meine Schränke gefüllt mit Weisheit als mit vielen Schuhen und Klamotten daheim. **Der Witz ist, Gott ist so schlau, dass er all unsere Wünsche hinter einem Wort versteckt hat: „Weisheit", und er will sehen, ob du das begreifst.** Denn mit der Weisheit an deiner Seite wirst du alles erlangen. Den nötigen Geschäftssinn, um Erfolg zu haben und Geld zu verdienen und dir dann so viele Pumps leisten zu können, wie du willst, aber auch die Weisheit, dass du sie gar nicht alle brauchst, um glücklich zu sein Ich habe für mich begriffen, dass ich viel mehr durch dieses einfache Gebet „Herr, schenke mir Weisheit" erreiche, als zu hundert Anlässen zu rennen und mich – derb ausgedrückt – überall „anzubiedern". Mit der Weisheit in der Tasche bete ich nämlich vor jeder Einladung zum nächsten „Big Event": „Gott, zeige mir bitte, ob es sinnvoll ist, all die Kosten für die Reise, das Hotel und das passende Kleid in Kauf zu nehmen, oder ob es *weiser* wäre, daheim zu bleiben und weiter an den nächsten Songs bzw. dem nächsten Buch zu schreiben oder sogar einmal gar nichts zu tun!“ Ich höre Gottes Stimme dann nicht wie einen Donner vom Himmel sagen: „Bleib hier“, doch ich spüre es. Es ist meist nur so ein Bauchgefühl, das sich bewahrheitet. Ich habe erlebt, dass oft nichts dabei herauskam, wenn ich an solch einem Anlass tausend einflussreiche Menschen kennengelernt habe, obwohl ich davor dieses Bauchgefühl klar gespürt hatte: „Geh nicht!“ Andrerseits bin ich auf Events gewesen, für die ich „grünes Licht“ von oben hatte, und traf dort nur auf eine einzige, „wichtige“ Person, die mir im Nachhinein tausend Türen öffnen konnte. Weißt du, was ich meine? Der Schein trügt so oft! Und so viele werden dir sagen: „Wow, du hast was verpasst, das war mega.“ Vielleicht hatten sie eine gute Zeit, aber *sinnvoll* war es nicht. Oder es war sinnvoll für sie, doch für dich war es besser, dass du deine Zeit anders eingesetzt hast.

Während ich dieses Buch schreibe, bin ich zum LEA (Live Entertainment Award) in Frankfurt eingeladen worden. Meine Reaktion bei so etwas ist immer: „Cool! Ich will unbedingt hin!“ Aber wie ich dir schon geschrieben habe, habe auch ich mit der Zeit dazugelernt. So bin ich also erst einmal innerlich einen *Schritt zurückgegangen* und habe Gott gefragt, ob es sinnvoll ist, dass ich dort hingehe. Ganz ehrlich, es kam dieses Mal irgendwie nichts zurück. Kein Ja, kein Nein. Ich hatte mal einen Pastor sagen hören: „Wenn Gott dir keine rote Ampel vor die Nase setzt, dann geh weiter.“ Und so ging ich. Ich zog ein echt altes, aber immer noch sehr schönes Kleid aus dem Schrank und fuhr nach Frankfurt. Doch es war anders als früher, auch wenn ich mir wieder genügend Zeit nahm für

Haare, Make-up und mein Outfit. Sogar meine Bibel hatte ich im Koffer und nahm sie vor dem Event noch einmal hervor. Ich betete: „Führe mich zu den richtigen Menschen und lass es für mich heute bitte SINNvoll werden." Man kann nämlich die besten Kontakte und erfolgreichsten Freunde haben – **wenn Gott dich nicht führt, dann kommst du auch nicht ans richtige Ziel.** Das habe ich zu oft erlebt.

Ich war mutig genug, für meinen YouTube-Channel noch vor dem Event ein Video zu drehen. Es handelte davon, dass ich mich früher vor so Veranstaltungen äußerlich immer perfekt vorbereitet hatte. Viel Sport, wenig Kohlenhydrate, ein neues Kleid usw. Dieses Mal hatte ich hierfür nicht einmal Zeit gehabt und rannte eigentlich von einer Essenseinladung zur nächsten. Aber es machte mir nichts mehr aus. Ich erzählte in dem Video von meinem Gebet, dass Gott mich zu den „richtigen" Personen führen möge und die „falschen" von mir fernhalten solle. Denn ganz ehrlich: Gefahren lauern bei solchen Events, gerade wenn du als Frau alleine unterwegs bist, hinter jeder Ecke! Und ich betete auch, dass ich etwas an diesem Ort hinterlassen kann: einen Duft der Hoffnung, Ermutigung und Freude für andere. Denn das ist unser Auftrag in dieser Welt. An jedem Tag. An jedem Ort. Egal, wie wir uns fühlen. Egal, ob wir alleine unterwegs sind oder umgeben von Gleichgesinnten, am Arbeitsplatz oder bei einer Party. Unser Auftrag verändert sich nicht:

„Gehet hinaus in die ganze Welt und verkündet allen Menschen die rettende Botschaft!" *Markus 16,15*

Damit habe ich jahrelang verbunden, dass ich weit reisen muss, eine „Missionsreise“ oder Ähnliches nötig ist, wenn ich diesem Auftrag nachkommen will. Doch heute weiß ich, dass dieser Auftrag genauso für meinen Alltag gilt. Ich bin heute überzeugt davon, dass viele von uns unzufrieden, lustlos und traurig sind, weil sie das nicht leben. Ich möchte mich nicht dafür entschuldigen, dass ich hiermit den Finger in eine Wunde lege. Denn ich erlebe auf meinen Reisen durch so viele Städte und Kirchen der Welt zu oft gefrustete Christen. Die einen haben wirklich Dramatisches erlebt oder stecken aktuell in einer persönlichen Krise. Aber vorerst spreche ich von denen, die Sonntag für Sonntag in die Kirche gehen und immer noch traurig und ziellos umherirren. Diejenigen, die auf die eine Predigt warten, die ihr Leben verändern wird, und wenn die Sonntagspredigt ihnen nicht passt, frustriert nach Hause fahren und sagen: „Das war keine gute Message heute.“ Dein Glaube, dein Leben ist nicht abhängig von den Menschen um dich herum, nicht einmal von deinem Pastor.

Du selbst trägst die Verantwortung, deine Bibel aufzuschlagen und zu sagen: „Okay, Gott, hier bin ich, jetzt zeig du mir deine Wahrheit, die mich frei macht und mir die Bestimmung für mein Leben aufzeigt!“ Ich habe es getan und so viele andere auch. Wann wirst du es tun? Ich hatte die Ehre, eine unglaubliche Rednerin auf einer Frauenkonferenz in Frankreich vom Deutschen ins Französische zu übersetzen, und staunte nicht schlecht, als sie das aussprach, was ich so oft schon gedacht hatte: „Guten Morgen, Ladies! Lächelt mich doch mal an! Ah, ich habe vergessen, wir sind ja in einer Kirche, da gibt es das eher selten!“ Wie traurig! Doch wie recht sie damit hatte! Während ich dieses Buch schreibe, habe ich auf Facebook eine Umfrage gestartet, welche Fragen meine Follower ans Leben haben. Eine junge Frau schrieb – und damit spricht sie für sehr viele Frauen –: „Was ist Gottes Plan für mein Leben? Was ist der Sinn?“ Und ich dachte nur: Wie kann es sein, dass du schon so lange Christ bist, auch schon bei so vielen meiner Auftritte gewesen bist, und mir immer noch diese Frage stellst? Und das meine ich keinesfalls wertend, erst recht nicht abwertend. Doch das ist es eben. Wenn du nicht anfängst, *selbst* die Schritte zu gehen, auch wenn du sie im Kopf begriffen hast, wirst du nie die Fülle erleben, die ein Leben mit Gott zu bieten hat! Nochmals: Es ist absolut nicht abschätzend gemeint, denn ich weiß ja, was es kostet. Es ist ein langer Weg, der sich aber lohnt! Denn er hat mein Leben aufs Positivste verändert!

> „Wer mir nachfolgen will, darf nicht mehr sich selbst in den Mittelpunkt stellen, sondern muss sein Kreuz täglich auf sich nehmen und mir nachfolgen.“
> *Lukas 9,23*

Viele von den jungen Frauen, die ich bei meinen Auftritten kennenlerne, sind eher nicht die Typen, die sich in den Mittelpunkt stellen. Würde man meinen. Und doch ist die Gefahr da, dass sie es eben doch tun, wenn auch auf ganz andere Weise: nämlich indem sie das Gehörte nicht umsetzen, jahrelang die gleiche Botschaft hören und aus ihren Erkenntnissen keine Taten, keine Konsequenzen folgen lassen. Denn sonst könnten sie ja noch gesund werden, und somit wäre ihre ganze Identität (lass es eine Essstörung, Depression oder Missbrauch sein) verschwunden. Und das macht ihnen Angst. Denn ihr Problem ist zu ihrer Identität geworden, und die Frage „Wer wäre ich ohne das? Würde man mich dann noch beachten?" macht ihnen so sehr zu schaffen, dass sie auf die Heilung verzichten, um weiter Aufmerksamkeit zu bekommen. Ich weiß, das sind heftige Worte. Doch sie sind wahr. Wenn du diesen Punkt in deinem Leben nicht angehst, dein Kreuz nicht auf dich nimmst und anfängst, deinen Erkenntnissen Taten folgen zu lassen, wirst du nicht bereit und stark genug sein für das, wozu du eigentlich auf Erden bist!

Wo wir wieder bei meiner Veranstaltung, dem LEA Award in Frankfurt wären. Stell dir vor, ich würde zu solch einer Veranstaltung gehen mit dem Wissen, dass ich einen Auftrag habe, nämlich: „Gehet hinaus in die ganze Welt und verkündet allen Menschen die rettende Botschaft!" (Markus 16,15). Wenn ich aber gleichzeitig nicht wüsste, wer ich bin, weil ich immer noch in meiner Identitätskrise hänge, hätte ich eine Ausstrahlung wie ein Trauerkloß und mein „Duft" würde nach einem abgestandenen Billigparfum riechen. Meinst du, es würde sich irgendjemand für mich interessieren? Man würde wohl eher noch tuscheln und sagen: „Irgendwie passt die hier gar nicht rein." Wenn du um Weisheit bittest, wird Gott dir die Augen für eine ganze Welt „hinter deiner normalen Welt" öffnen und du wirst erkennen, wie alles plötzlich zusammenhängt.

Im Video, das ich vor dem Event gedreht hatte, hatte ich Gott mein Vertrauen ausgesprochen, ohne zu wissen, was mich an diesem Abend erwarten würde!

> „Der Glaube ist der tragende Grund für das, was man hofft: Im Vertrauen zeigt sich jetzt schon, was man noch nicht sieht.“ *Hebräer 11,1*

Gott lässt Vertrauen wachsen, je mehr wir ihn bewusst an unserem Leben teilhaben lassen. Was soll ich lange um den heißen Brei herumreden? Der Abend wurde ein voller Erfolg! Für mich persönlich, denn ich hatte viel Spaß und traf spannende Menschen, wie Nena und die GNTM-Gewinnerin Toni Dreher-Adenuga, die ja auch gläubig ist. Zusätzlich hatte ich wenige, aber dafür sehr intensive Gespräche mit den „richtigen“ Leuten, die mir nur wenige Tage später spannende und interessante Angebote machten, um meine Musik und mein Buch weiterzubringen! Was soll ich sagen? Nein, ich habe mich nicht mit denen abgegeben, die zwar wissen wollten, was ich mache und auch „sehr wichtig“ in dem Business sind, aber deutlich etwas anderes von mir wollten. *Dafür war ich mir zu schade. Dafür war ich mir zu wertvoll.* Ich bin mir sicher, dass es mit meinem Wunsch nach Weisheit zu tun hat, dass Gott mir all das erfüllt und mich geführt hat! Gott freut sich, wenn wir mehr von ihm wollen und er gibt gerne. **Deswegen hatte ich mir diese Angewohnheit antrainiert, immer wieder, täglich aufs Neue um Weisheit zu beten.** Ich hätte mir so einiges an Geld, Zeit und auch Fehlern erspart, wenn ich schon viel früher dieses wirklich einfache Gebet gebetet hätte. Es ist der perfekte Alltagshelfer. Weisheit entspannt und nimmt den Druck aus vielen Situationen. Weisheit kann manchmal auch aussehen wie eine Spaßbremse. Denn sie wird viele spontane Ideen ausbremsen, die wir haben. Und in diesem Moment fällt es dann schwer zu verstehen, wieso es so ist. Wieso diese leise Stimme zum Beispiel sagt: „Jetzt nicht." Und wieder einmal denkst du (weil wir es eben heute gewohnt sind, alles sofort zu bekommen): „Aber ich will, ich will, ich will!" Und Gott denkt sich: **„Meine Liebe, vertraue mir doch! Ich hab was Besseres für dich."** Die Entscheidung bleibt bei dir, gegen die Weisheit zu handeln, dann zu fallen und dich mit Schmerzen wieder aufzurichten oder mit einem kurzen, leichten Schmerz zu sagen: „Ich tu's nicht!", und Wochen oder Monate später mit einem Siegesgrinsen zurückzublicken und zu staunen!

Ganz ehrlich, ich habe total viel Spaß mit der Bibel und das hätte ich niemals gedacht! Wenn du mit Jesus eine Beziehung führst, was im Alltag ganz einfach bedeutet, dass du mit ihm kommunizierst, dann wirst auch du die krassesten Dinge erleben.

Ich schreibe dieses Buch gerade, wie immer, in Südfrankreich. Nur ein Jahr davor hatte mich dieser Fitnessstudio-Besitzer hier angegraben. Neulich hat er es tatsächlich noch mal versucht! Doch ich war so was von auf Zack und gewappnet! Ich wusste, er würde versuchen, mir den dritten Kuss auf den Mund zu platzieren! Also drehte ich mich rechtzeitig gekonnt weg. Als er versuchte, mich anzubaggern, sagte ich: „Und, deine Freundin? Wie geht es ihr?" Er fing an mit: „Ach, weißt du, es ist so schwierig mit ihr." Ich meinte: „Echt? Seit über einem Jahr ist es schwierig? Was für ein Mann bist du denn? Konntest du das in der Zwischenzeit nicht klären? Mit dir würde ich nicht zusammen sein wollen." Bäng, bäng, bäng! Wie verbale und guttuende Ohrfeigen wirkten diese Sätze auf ihn.

Du kannst nichts Neues beginnen, wenn du die Türe deiner Vergangenheit noch nicht komplett geschlossen hast! Das hatte ich persönlich lernen müssen. Und heute habe ich es weitergeben können. Ich ließ ihn stehen wie einen begossenen Pudel. Und da ich wusste, dass er dennoch keine Ruhe geben würde, plante ich meine Sporteinheiten so früh morgens ein, dass ich ihm nicht mehr über den Weg laufen würde. Ob mich das was gekostet hat? Ja, definitiv hätte ich gern länger geschlafen. Ob es weise war? Ja, absolut. Die Weisheit hatte bei mir ganze Arbeit geleistet und voll eingeschlagen: zu meinem Besten! Ich wünsche dir, dass du das genauso erleben darfst, wie die Bibel deinen Alltag verändert. Ganz ehrlich, ich habe das erst vor ein paar Jahren begriffen. Vorher bin ich brav in den Gottesdienst und habe mit der Einstellung zugehört: „Klar, dass der da vorne das erlebt und so sagen kann, der ist ja auch Pastor." Ich habe mich aber auch selbst nie viel intensiver mit der Bibel befasst. Bis ich völlig am Boden lag und die Wahl hatte, für immer depressiv zu bleiben oder die Bibel aufzuschlagen. Seitdem ist mein Leben nicht mehr das gleiche. Denn ich weiß, dass ich niemals wieder aus meiner Depression gekommen wäre, wenn ich weiter immer nur zugehört hätte, selbst aber keine Konsequenzen gezogen hätte. Und ich wäre niemals so stark geworden, wie ich es heute bin. Dazu hat auch gehört, dass ich, nachdem ich wieder gesund war, weiter in der Bibel gelesen habe. Was mir überhaupt nicht schwerfiel, denn ich war richtig hungrig geworden nach mehr! Plötzlich hatte alles Sinn. Plötzlich verstand ich, dass die Bibel etwas für mich persönlich ist und mein Leben auf die Gewinnerspur bringen möchte – egal, in welcher Situation ich mich befinde.

Ich kenne dich nun nicht persönlich, aber vielleicht gehörst du zu denen, die nach meinen Auftritten sagen: „Ich will das auch so erleben wie du, aber bei mir geschieht das nicht." Meine erste Frage ist immer: „Ja, liest du wirklich täglich in der Bibel?" Und hier stottern die meisten schon los: „Äh, weißt du … nein." Okay, da haben wir es schon. Fang einfach an! Nimm dir und gib dir Zeit. Und bitte Gott, dir die Augen für das zu öffnen, was er *dir* zeigen möchte. Vielleicht werden für dich ganz andere Dinge aus der Bibel wichtig als für mich. Das ist völlig okay so! Es wäre doch so langweilig, wenn wir alle gleich wären! Ich lese täglich in der Bibel und in einem Andachtsbuch. Dort steht für jeden Tag ein Vers, eine Geschichte und ein Gebet. Diesen Vers lese ich dann in der Bibel nach, bleibe meist dort hängen und lese dann weiter und weiter und weiter … Wenn du Bibellesen also noch langweilig findest, musst du dich selbst überlisten, bis auch du diesen Hunger nach „mehr" entwickelst, der garantiert auch bei dir einsetzen wird.

„Ja, dein Wort ist meine Freude und mein Glück!"
Jeremia 15,17

Kürzlich saß ich am Bodensee, um an meinem Buch zu schreiben. Ganz vertieft in meine Arbeit hatte ich nicht mitbekommen, dass alle Tische um mich herum belegt waren. Es war ein wunderschönes Lokal, in dem man förmlich über dem Wasser sitzt. Ein sehr alter, aber sehr fitter Mann fragte freundlich, ob er sich zu mir setzen dürfe. Eigentlich wollte ich das nicht, denn ich wollte weiterarbeiten. **Unterschätze niemals, was Gott durch dich im Leben anderer Menschen bewirken möchte!** Neugierig sagte er: „Ich sehe, Sie haben eine Bibel neben Ihrem Computer liegen. Darf ich fragen, was eine junge, attraktive Frau mit der Bibel will?“ Er begann zu erzählen, was für ein tolles und erfülltes Leben er gehabt hat und dass er Gott dafür nicht gebraucht hätte. Doch die Frage nach dem Sinn des Lebens hat ihn nie losgelassen. Gleichzeitig hat er nicht verstanden, wieso es so viele Kriege auf der Welt gibt, wenn Gott tatsächlich existieren sollte. Er war ein sehr intelligenter Mann und mir wurde etwas mulmig. Innerlich bat ich Gott ganz dringend um seine Unterstützung für dieses Gespräch, doch in diesem Moment wollte er mir nicht antworten. Na ja, die Antwort hatte ich schon, doch sie erschein mir nicht sinnvoll. Denn sie klang für mich weder weise noch besonders intelligent: „Wissen Sie“, holte ich aus, „ich verstehe so vieles aus der Bibel nicht. Doch ich habe Gott viel zu oft persönlich erlebt, als dass ich an seiner Existenz zweifeln könnte. Ich habe mich entschieden zu vertrauen, obwohl ich nicht alles verstehe, und seither erlebe ich Wunder über Wunder.“ Ich erzählte ihm aus meinem Leben. Dass ich hätte tot sein können, wenn Gott mich nicht gerettet hätte. Wir verloren uns regelrecht in diesem spannenden Gespräch, bis er gehen musste. Seine Worte werde ich nie vergessen: „Vielen Dank, junge Frau. Ich habe mich schon mit so vielen klugen Menschen unterhalten. Doch niemand konnte mir bisher so weise antworten wie Sie! Ich werde mich mit der Bibel befassen.“ Wow. Ich hatte weder die Worte eines anderen benutzt noch versucht, ihn von irgendwas zu überzeugen. Ich war ich geblieben. Echt und authentisch. Und das war genug. DU bist genug! **Die Welt braucht dich. So wie du bist. Echt und authentisch – und weise!**

6.
Sei es dir wert ... deine Narben sprechen zu lassen

Wenn Gott deine Lebensgrundlage ist, bedeutet das nicht, dass du von allem verschont bleibst. Es bedeutet nicht, dass du niemals versagen wirst und von einem Höhepunkt zum nächsten Erfolg rennst. Genauso wenig bedeutet es, dass dein Mann, deine Familie oder deine beste Freundin niemals versagen werden. Doch es bedeutet, dass deine Wunden heilen können und es Hoffnung gibt. Immer. Weil du lernen wirst, wie man mit solchen Situationen umgeht. Ganz banal und doch so aufschlussreich: Als ich mit Anfang 20 in Sydney studierte, hatten wir Männerbesuch in unserer WG. Der interessierte sich nicht für mich, viel mehr für meine hübsche Mitbewohnerin. Tief im Inneren dachte ich: „Ist ja klar, wer will dich schon?" Ich lauschte ihrem Gespräch und holte mir dabei ein Glas aus dem Schrank. Weil ich so sehr mit meinen Gedanken beschäftigt war, krachte es klirrend auf den Boden und eine Scherbe traf meinen kleinen Zeh. Seitdem habe ich immer eine Erinnerung an meinen Moment der Eifersucht, der es absolut nicht wert gewesen ist! Heute liebe ich diese Narbe – ganz ehrlich. Sie erinnert mich daran, dass es gar nichts gebracht hatte, eifersüchtig zu sein. Denn das Leben hat Platz für uns alle. Für sie, für mich und für den besten Partner für uns beide.

Eine weitere Narbe entstand während des Schreibens dieses Buches. Ich bin eher so der hektische Typ. Hab immer viel zu viel um die Ohren und versuche, es allen recht zu machen. An diesem Abend war ich zum Essen bei der besagten Marinette (dieses Mal war es wirklich sie!) aus Südfrankreich eingeladen und wollte noch kurz einen Gedanken fertig tippen, mir aber gleichzeitig ein Stück Wassermelone schneiden und dann schnell unter die Dusche hüpfen. Ja, was soll ich sagen? Die Schweizer Messer in dieser französischen Küche waren unglaublich scharf. Nicht nur die Melone hatte ich geschnitten, sondern auch tief in meine Hand hinein. Schockiert sah ich, wie das Blut heraustropfte, und rannte los zum Arzt, der die Wunde nähen musste. Das war nicht nur ein großer Schock – es nahm mir auch die Freude an meinem Badeurlaub, da ich von nun an nicht mehr ganz ins Wasser konnte. Wenn ich die Narbe, die wunderbar verheilt ist, heute sehe, dann denke ich jedes Mal: **„Déborah, in der Ruhe liegt die Kraft. Nimm dir Zeit zum Leben.“**

Ich trage auch drei Narben an meinem Körper, die mich fast das Leben gekostet hätten, schlussendlich aber meine Lebensretter waren. Ich hatte damals Kontakt zu einem Mann, der sich Neville Naidoo nannte und sich als Bruder von Xavier Naidoo und Musikchef bei MTV ausgab. Er lud mich nach

Bratislava ein, wo er mich anderen Leuten für ein Projekt vorstellen wollte. Ein paar Tage vor Abflug, es war mein Geburtstag, wurde ich als Notfall ins Krankenhaus eingeliefert. Es ging um Leben und Tod. Eine große Blutzyste an meinem Eierstock war aufgeplatzt, und das Blut hatte sich in meinem Bauch verteilt. Hier ging es um Minuten. Dieser Notfall hat mir schlussendlich das Leben gerettet, obwohl er mich das Leben hätte kosten können. Doch ich war in Gottes Hand. Im Nachhinein erfuhr ich nämlich, dass dieser angebliche Neville Naidoo weder etwas mit Xavier, noch mit MTV zu tun hatte, aber mit einem großen Bordell, für welches er Prostituierte ins Land holte. Jedes Mal, wenn ich auf die drei Narben dieser OP blicke, schlucke ich erst einmal heftig. Denn was alles hätte passieren können, das mag man sich gar nicht erst ausmalen …

Meine persönlich bedeutsamste Narbe habe ich mitten im Gesicht. Sie ist die krasseste meiner Narben, wenn es um Emotionen geht. In meinem letzten Buch „Stärker denn je" habe ich von meiner Beziehung zu einem Mann erzählt, der mich verbal und emotional missbraucht hatte. Man kann sich vorstellen, dass es eine sehr ungesunde Beziehung war. „Wach" wurde ich, als wir in Kalifornien an einem wunderschönen Strand endlich mal Zeit für uns hatten. Es war völlig romantisch. Oder das hätte es zumindest sein sollen. Er hatte mir sogar kurz davor ein Geschenk gemacht: eine Designer-Sonnenbrille, in die ich mich verliebt hatte. Sie sah so richtig „Superstar-like" aus, und als er sie mir kaufte, war ich überglücklich, weshalb ich ihm nochmals dafür dankte. Seine Reaktion war: „Ach, du. Die hat mir auch gefallen, weil sie dein hässliches Muttermal im Gesicht verdeckt. Ich kann dich ja kaum noch ansehen, so eklig finde ich das." Natürlich schossen mir Tränen in die Augen. Das tat unfassbar weh. Aber Gott sei Dank verstand ich in diesem Moment, dass ich mit diesem Mann niemals glücklich werden würde. Zu oft war ich nun schon von ihm verletzt worden. Diese fiese Bemerkung brachte das Fass endgültig zum Überlaufen. Diese Geschichte erzähle ich bei meinen Auftritten sehr oft und dann schauen die Menschen natürlich gleich auf mein Muttermal. Inzwischen war ich aber beim Arzt, bei dem ich jährlich meine Muttermale kontrollieren lasse, da ich so eine Sonnenliebhaberin bin und gerne auf Nummer sicher gehe. Und tatsächlich blieb er einzig und allein bei genau diesem Muttermal hängen und meinte: „Ich rate Ihnen, dieses Muttermal entfernen zu lassen." „Doof", dachte ich, „es ist doch Teil meiner Geschichte." Wochen später musste ich dann in die Klinik und es wurde mir entfernt. Einige weitere Wochen musste ich die Stelle pflegen, mehrmals am Tag schön mit Vaseline und Narbensalbe eincremen, und nun ist alles, was von diesem Muttermal geblieben ist, eine kleine Narbe, die nur ich sehe. Was will ich dir damit sagen? Manche Dinge wollen wir in unserem Leben behalten, weil wir dadurch Aufmerksamkeit, ich möchte sogar Mitleid sagen, bekommen. So wie die Mädchen, die meine Auftritte besuchen und nichts an ihrem Leben ändern wollen, weil ihre schmerzhafte Geschichte zu ihrer Identität geworden ist. Wir lassen uns von dem erlebten Leid definieren. Er wird Teil unserer Identität. Wir hängen uns an unsere Geschichte, weil wir wissen: Die Menschen hören uns dann zu, wir bekommen ihre volle Aufmerksamkeit. Eben Mitleid oder auch Bewunderung. Wir haben Angst und wollen uns an dem Gewohnten und Sicheren festhalten. **Lass die Vergangenheit los, damit eine neue Geschichte geschrieben werden kann!** Gott möchte dir sagen: „Statt deiner Wunde möchte ich dir WUNDERvolles für dein Leben mitgeben, von dem du dann erzählen kannst!" Ich habe mich in aller Ruhe hingesetzt, bin innerlich *einen Schritt zurückgegangen* und habe hinterfragt, was ich eigentlich in dem Muttermal gesehen hatte. Bevor mein damaliger Partner diese verletzende Aussage gemacht hatte, war es mir ja nie bewusst aufgefallen. Und meinem Umfeld, also den Menschen, die mich lieben, ebenso wenig. Es war ja nicht so, dass es auffällig groß oder eklig gewesen wäre. Doch jetzt sah ich jedes Mal, wenn ich in den Spiegel blickte, nur noch das „hässliche" Muttermal. Wenn ich die Geschichte erzählte, wurde ich immer traurig, und ich sprach jedes Mal aus, dass ich eigentlich nicht schön genug oder nicht gut genug bin. Auch wenn es nur eine Anekdote war, etwas, dass ich erlebt hatte, so hatten diese Worte unterbewusst Macht.

Einer der Verse, die mein ganzes Leben geprägt haben, lautet:

„Worte haben Macht: Sie können über Leben und Tod entscheiden." *Sprüche 18,21*

Gott sah das. Und nahm mir diesen „Schmerz" aus dem Gesicht. Und auch die Chance, mit diesem „Schmerz" Mitleid erhaschen zu wollen für das, was mir angetan worden war.

Gott schenkt dir eine Identität der Stärke und nicht des Schmerzes! Wir tendieren nur zu gern dazu, uns unsere Identität der Stärke durch eine Identität des Schmerzes nehmen zu lassen! Die Mini-Narbe, die zurückgeblieben ist, steht heute für mich als Zeichen genau dafür: Ich muss nicht in meiner Vergangenheit herumkramen, um etwas zu erzählen zu haben. Gott möchte Neues tun. Dafür müssen wir ihm aber unsere Verletzungen abgeben. Und denen vergeben, die sie uns zugefügt haben. Manchmal braucht es einige Zeit und Pflege, so wie die Narbe wochenlang versorgt werden musste, doch dann sollte es gut sein! Und all das sehe ich heute, wenn ich in den Spiegel blicke und meine kleine Narbe entdecke. Ist es nicht fantastisch zu erkennen, wie WUNDERvoll sogar unsere Narben sein können? *Aus Narben lernen wir. Narben sind wunderschön. Narben bezeugen unsere Stärke.* Stärke, die wir alleine nicht hätten. Heilung, die es ohne den Heiler nicht gäbe. Weißt du, was ich meine?

Die Frage lautet: Bist du bereit, dich täglich weiter verändern zu lassen? Nicht immer alles alleine zu versuchen, sondern Gott in JEDE SEKUNDE deines Lebens mitzunehmen? Auch wenn es noch so banal ist? Bist du bereit, immer wieder von vorne anzufangen? Bis du es gecheckt hast?

Ich persönlich habe, wie ich in meinen letzten Büchern geschildert habe, nicht immer nur die Sonnenseite des Lebens erlebt. Bis heute staunen die Menschen um mich herum, wenn ich das sage, denn man sieht es mir nicht an. Wenn sie meinen Erzählungen lauschen, fassen sie es oft nicht! Denn ein Mensch, der neben dem „schönen Leben", das ich führen darf, so viel Schmerz und Unschönes erlebt hat, müsste eigentlich gebrochen durchs Leben gehen. Aber nicht mit Gott! Nicht wenn du bereit bist, stark zu bleiben in ihm! Denn Gott weiß schon heute, was uns morgen begegnen wird, und hat jetzt schon die Lösung!

> „Ich habe von Anfang an vorausgesagt, was geschehen wird; lange im Voraus kündigte ich die ferne Zukunft an. Meine Pläne verwirkliche ich, und was mir gefällt, das führe ich aus." *Jesaja 46,10*

Wenn du dir das verinnerlichst – hier sind wir wieder beim Vertrauen –, dann hast du gewonnen! Trotz allem, was ich sehr jung schon durchleben musste – oder gerade deshalb –, liebe ich das Leben und will jeden Tag bewusst leben, ja sogar feiern! Die Vergangenheit wird mir mein Lächeln nicht rauben! Ja, sie hat meinen Charakter geprägt und mich sogar mit Mitte dreißig nochmals sehr verändert. Weil ich mich bewusst auf die Veränderung eingelassen habe. Denn Veränderung ist gut. Die Vergangenheit ist für mich geklärt und abgeschlossen, weil ich lernen durfte zu vergeben. Darüber habe ich ein ganzes Buch geschrieben. Der Lernprozess wird allerdings niemals aufhören. Und das erfuhr ich erst kürzlich, während ich dieses neue Buch schreibe.

7.
Sei es dir wert … den nächsten Schritt zu gehen

Ich hatte mich sehr über die Anfrage gefreut, einen Beitrag für das Schweizer Fernsehen mit dem Titel „Trauma statt Traummann“ zu drehen. Ja, es war der erste große Dreh über meine Geschichte von der großen Liebe, die in emotionalem Missbrauch endete, bis hin zur geplatzten Hochzeit und der Kraft der Vergebung. Als der Dreh dann von Januar auf den April verschoben wurde, war ich etwas enttäuscht. Doch heute weiß ich, dass Gott seine Finger im Spiel hatte, denn was ich nicht wusste, das wusste er. Ich wäre noch nicht bereit gewesen, mich meiner Vergangenheit zu stellen, die ja noch gar nicht so lange her gewesen ist. Der Dreh sollte *in dem* Hotel und *dem* unfassbaren Sterne-Restaurant stattfinden, in dem ich das erste Date mit meinem „Traummann“ hatte. Ironischerweise war das auch der Ort gewesen, an dem wir uns getrennt haben. Somit die ideale Kulisse für eine TV-Aufzeichnung rund um meine Geschichte. Der Dreh fand an einem Dienstag statt, doch schon eine Woche davor stand ich völlig neben mir. Denn ich realisierte das *Wunder* meiner verheilten Wunde: Ich erinnerte mich an vieles nicht mehr! Es gibt ja diesen Spruch: „Vergeben und vergessen." Von vielen höre ich: „Vergeben kann ich, vergessen nicht." Darüber, dass ich das aber schon immer so gut konnte, staune ich immer wieder. Einerseits ist es eine Gabe, die mir in die Wiege gelegt worden ist, dass ich sehr schnell vergessen kann, wenn mir jemand etwas angetan hat. Andererseits, wie in diesem Fall, löste es eine große Krise aus. Denn um bestmöglich auf den Dreh vorbereitet zu sein und weil ich mich tatsächlich an vieles nicht mehr genau erinnern konnte, wollte ich mein eigenes Buch nochmals lesen. Dafür hatte ich mir sogar zwei Tage in meinem Kalender reserviert. Doch ich schaffte es nicht! Kaum hatte ich die erste Seite aufgeschlagen, auf der nur ein einziger Bibelvers steht (!), war alles wieder da und ich heulte wie ein Schlosshund. Nicht weil der alte Hass wieder aufkam. Gegen diesen Mann, gegen das, was er mir angetan hatte. Nein, das war es nicht. Ich merkte tatsächlich auch in diesem Moment, dass die Vergebung mich wirklich geheilt hatte, auch wenn es bis hierher ein langer Weg gewesen war. Doch auch jetzt, als ich wieder in meine Vergangenheit eintauchte und die demütigenden Szenen im Kopf durchging, konnte es mir nichts mehr anhaben! **Vergebung hat die Macht, den Schmerz deiner Vergangenheit auszulöschen!** Wow. Und genauso war es. Deswegen weinte ich so bei der ersten Seite, als ich den folgenden Vers las:

„Genauso ist mein Wort: Es bleibt nicht ohne Wirkung, sondern erreicht, was ich will, und führt das aus, was ich ihm aufgetragen habe. Ihr werdet voller Freude in die Freiheit hinausziehen und wohlbehütet euren Weg gehen." *Jesaja 55,11-12*

Genau das war geschehen! Ich lag am Boden, war mit dem Leben am Ende. Doch ich las in der Bibel, womit wir wieder beim Thema wären. Und hörte nicht mehr auf damit! Selbst als ich keinen Bock mehr hatte. Zwei Jahre später war ich geheilt. Ich hatte das Wunder in meiner Wunde entdeckt. Und ja, die Wunde war verheilt, auch wenn die Narbe blieb. Die Erinnerungen an die vielen schrecklichen, verletzenden und demütigenden Momente kamen in diesem Moment wieder hoch. Und dennoch, ich weinte nicht wegen ihm. Ich weinte wegen mir. Ich schaffte es erst am nächsten Tag, über Seite 1 zu kommen und weiterzulesen. Dabei dachte ich ständig: „Wie konntest du dir das nur antun lassen? Wieso warst du nur so schwach?" Es war ja tatsächlich noch viel schlimmer, als ich es in Erinnerung gehabt hatte … Ich war in das Buch und somit in meine Vergangenheit eingetaucht und natürlich waren die folgenden Nächte absolut schlaflos. Ich träumte von ihm, ich erinnerte mich und es tat weh. Es war eine Mischung aus Jubel: „Wow, und aus diesem Horror bist du wirklich wieder rausgekommen!" und: „Wie schrecklich …!".

Es war Montag geworden und ich stand den ganzen Tag neben mir. Alles, was ich mir für den Tag vorgenommen hatte, ließ ich liegen und wartete, dass die Zeit verging. Den ganzen Tag über kämpfte ich gegen eine schwere Wolke über mir. Die ganze Zeit stand ich kurz davor loszuheulen. Als ich mit meiner Mutter sprach, meinte sie: „Sag den Dreh ab.“ Daran hatte ich noch gar nicht gedacht. Das wäre ja auch eine Option. Eine sehr teure, denn es war ja alles schon geplant. So setzte ich mich kurz hin und tat das, was ich mir antrainiert habe in solchen Momenten: **Ich trat innerlich einen Schritt zurück und überlegte**, weshalb ich das überhaupt tue. Für mich? Nein. Das war vielleicht zu meinen Anfangszeiten vor über zehn Jahren so gewesen, als z. B. Sat 1 mit mir die komischsten Beiträge plante und ich einfach grundsätzlich zusagte, weil ich es cool fand. „Déborah entdeckt die 60ies“ oder „Déborah interviewt Passagiere am Flughafen zu den Sicherheitsvorkehrungen“. Doch weshalb sollte ich mir im Fernsehen die Blöße geben, von meinem größten Zusammenbruch zu sprechen? Warum sollte ich darüber sprechen, wie der Mann meiner Träume mich vor der Hochzeit hatte sitzen lassen und so in den Burn-out getrieben hatte? Das kostete Mut. Und das spürte ich jetzt.

Jahrelang war ich unterwegs gewesen und hatte schon viel fürs Fernsehen gemacht. Es fiel mir sehr leicht, über mein erstes Buch rund um die Essstörungen zu sprechen, denn ich hatte damit schon so viele Erfolgsgeschichten erlebt, und meine eigene Essstörung lag Jahre zurück. Ich hatte erlebt, dass viele Mädchen auch geheilt worden waren. Doch die neue Geschichte, diese neue Seite von mir, kannte bisher kaum jemand und sie war daher noch „unberührt“. So saß ich da, während ich gedanklich diesen Schritt zurückging, betete um Weisheit und erinnerte mich dadurch an meinen Auftrag! Ich hatte Gott damals gefragt, weshalb ich durch so viel Schmerz und Leid gehen musste, und er hatte mir geantwortet: „Weil du durch deinen Bekanntheitsgrad eine Plattform hast, über die du so viele Menschen mit der Wahrheit erreichen kannst, die frei macht." Mehr musste ich in diesem Moment nicht hören. Ich hatte meine Antwort. **Auch wenn die Narbe aus dieser Zeit in diesem Moment so sichtbar wurde wie an kaum einem anderen Tag, wusste ich, dass sie dafür stand, dass Wunden nicht nur heilen, sondern auch große Wunder in ihnen stecken! Nicht nur für mich. Für jeden, der davon hört!** Hierzu ein weiterer Vers. Ich liebe es, wie frech Gott da zu uns spricht:

> „Ihr Starrköpfe, hört auf mich! Ihr denkt wohl, für euch gibt es keine Hilfe mehr. Doch ich bin da, ich will euch retten, und zwar jetzt! Meine Hilfe lässt nicht länger auf sich warten!" *Jesaja 46,12*

Diese Erkenntnis hat mich beflügelt, sie hat mich bestärkt und ermutigt! Und solche Geschichten hören wir oft: „Ja, mir ging es schlecht, dann ist das und das passiert, ich habe es dennoch getan und habe gewonnen." Das stimmt so auch. Doch worüber wir nicht oft sprechen, das sind die Momente zwischen den Zeilen. In der Realität musste ich trotz aller Emotionen in meinem Kopf meinen Koffer für den Dreh packen und am Abend davor schon nach Zürich fahren, um am frühen Morgen bereit zu sein. Müde von der schlaflosen Nacht. Aufgewühlt von meinen Emotionen. Ich musste auf die Autobahn, auf der ich nur zwei Jahre zuvor gedacht hatte: „Einmal Gas geben und rechts gegen die Mauer fahren …" All das war Realität. Auf dem Weg dorthin hatte ich auch noch einen Termin bei meiner

Logopädin, den ich lieber abgesagt hätte, so fertig war ich. Der Titel dieses Buches heißt nicht umsonst: „Sei es dir wert". Es geht darum, es sich ebenso in den emotionalen und herausfordernden Situationen wert zu sein weiterzuleben! Sich eben nicht zu verschanzen – gerade in so unscheinbaren Momenten, in denen unsere weiblichen Emotionen uns oft einen Strich durch die Rechnung machen!

Es wäre ja leicht gewesen abzusagen. Ein Anruf: „Mir geht's nicht gut", und fertig. Aber so eine Frau bin ich nicht. Ich will lernen, volle Verantwortung für mein Leben zu übernehmen und nicht immer den leichten Weg zu wählen. So ging ich hin. Weder hatte ich meine Übungen für die Logopädie-Stunde gemacht, noch hatte ich die geringste Lust darauf. Meine Logopädin, die mich noch gar nicht lange kannte, sah es mir sofort an, dass mich etwas umtrieb, und ließ mich erzählen und erzählen. Ich wunderte mich noch, denn sie ging völlig darauf ein und gab mir ermutigende Beispiele. Und auch ich hatte hier die Möglichkeit, ihr für ihr Leben ganz viele wertvolle Schlüssel mitzugeben. Allein zu bekennen, dass ich es geschafft hatte, diesem Mann zu vergeben und – wie sie ja wusste – dadurch jetzt meinen Traum weiterleben zu können, das ist eine starke Message für sich! Ich verließ die Praxis mit einem vollen Herzen! Hätte ich abgesagt, hätte ich das nicht erlebt! Und ich fühlte mich wieder bestätigt darin, dass Menschen von dieser befreienden Vergebung hören müssen!

Die andere, viel schwierigere für mich war, dass ich ganz alleine unterwegs war. Ich hätte mir so gern jemanden an meiner Seite gewünscht. Doch meine Freundin war weit im Norden, andere Bekannte mussten arbeiten und auch für meine Mutter wäre es schwierig gewesen, dabei zu sein. Irgendwie wollte ich auch nicht, dass sie mit dem konfrontiert würde, was ich erleben musste. Wie gehst du also mit diesen Emotionen um? Zwischen „Ich bin so alleine!“ und „Wie um alles in der Welt packe ich das morgen?“. **Du hast die Wahl wegzurennen oder es dir wert zu sein, einen neuen Schritt zu gehen.** Einen Schritt, den du vielleicht noch nie gemacht hast.

Viele würden an diesem Punkt stehen bleiben oder aufgeben. Doch ich habe gelernt zu sagen: „Und gerade jetzt bleib ich stark, weil ich es mir wert bin!“ Denn wir haben ja die Schlüssel für jede Situation in der Hand. Wir müssen nur die Bibel aufschlagen. Ich weiß, das klingt hier auf dem Papier so toll und einfach. In der Praxis hängen wir in unseren Gedanken des Selbstmitleides und denken: „Alle haben jemanden, nur ich nicht“, statt uns wieder einmal bewusst zu machen, dass keine Sekunde von Gott ungeplant ist. Ein „Ups, sorry, Déborah, diesen Moment hatte ich übersehen“ gibt es bei ihm nicht.

Vielleicht musst du dich einfach zwingen, deine Nase wieder einmal in der Bibel zu vergraben und zu sagen: *„Okay, Gott, erinnere mich bitte!“* Wie oft bete ich dieses Gebet! „Erinnere mich daran, wer ich bin!“ oder: „Gott, bitte erinnere mich daran, was mein Auftrag ist“. Für dich vielleicht: „Gott, erinnere mich daran, dass ich dich um eine Familie gebeten habe. Jetzt hilf mir, sie zu lieben.“ Und weißt du, was direkt hinter dem Vers steht, den Gott dir als Auftrag auf dieser Welt mitgegeben hat:

„Geht hinaus in die ganze Welt, und ruft alle Menschen dazu auf, mir nachzufolgen“? Ein weiterer ganz wundervoller Vers:

> „Ich bin immer bei euch (bei dir!), bis das Ende dieser Welt gekommen ist!“ *Matthäus 28,20*

Sieht du dieses kleine Wort „immer“, das nicht zufällig dort gelandet ist? Es scheint so unscheinbar, wenn du diesen Vers überfliegst. Dabei steckt die ganze Power da drin! Immer. Immer. Immer. Er ist immer bei dir! Und immer bei mir. Weil er das kann! Wie habe ich das in diesem Moment also förmlich umgesetzt? Ich liebe es ja, dir die Bibel gleich praktisch zu übersetzen. So, dass du verstehst, wie simpel du den Inhalt im Alltag umsetzen kannst! Ich bin ehrlich zu dir. In dieser Nacht in Zürich im Hotel, vor dem großen Dreh, habe ich mich so sehr danach gesehnt, dass mein Ehemann (den es noch nicht gibt) mit mir in diesem Hotelzimmer liegt, mich in den Arm nimmt und sagt: „Du schaffst das, alles wird gut. Jetzt schlaf erst mal in Ruhe. Ich bin bei dir.“ Das ist ja nur menschlich und normal, so zu empfinden und zu denken. Die Variante für ein Leben ohne Gott wäre: „Ich gehe heute Abend an die Hotelbar und check mal die Lage. Vielleicht finde ich ja ein Trostpflaster.“ Auch nur menschlich und normal. Die Variante „Bibel“ lautet aber:

> „Wenn du keinen Ausweg mehr siehst (außer Trostpflaster oder im Selbstmitleid zu ersticken), dann rufe mich zu Hilfe! Ich will dich retten, und du sollst mich preisen!“ *Psalm 50,15*

Klingt super, nicht wahr? Ich bin aber realistisch genug, um deine Zweifel bis hierher zu spüren! Das klingt in der Theorie ja erst einmal gut. In der Praxis bist du aber doch erst einmal allein und denkst: „Und was kann ein einfaches Gebet schon bewirken?" Viel mehr, als du denkst! Denn ich habe zu Gott geschrien. Die ganze Fahrt zum Hotel hin. Und ich habe ihm gesagt, dass ich nicht allein sein möchte und dass er mich heute Nacht mit seiner Liebe und Ruhe zudecken muss!

Kaum kam ich ins Hotel, bekam ich erst einmal einen Gutschein für die Bar und dann eine WhatsApp von meinem Produzenten, der gar nicht aus Zürich kommt, aber *zufällig* zehn Minuten vom Hotel entfernt einen Termin hatte. Er wusste nicht einmal, dass ich dort war, denn ich hatte es niemandem gesagt. So kam er spontan vorbei und wir haben uns erst einmal etwas Leckeres zu Essen bestellt! Den ganzen Abend unterhielten wir uns über völlig andere Dinge, und bis ich ins Bett kam, war ich komplett abgelenkt, konnte mich hinlegen und wieder einmal nur staunen, was für spannende Überraschungen Gott doch immer wieder parat hat, wenn wir nur das eine tun: ihn um Hilfe bitten! *Ein simples Gebet eben!*

In einem Instagram Post las ich: **„Glauben ist Licht, Vertrauen der Lichtschalter."** Das finde ich super spannend. Denn den Glauben hatte ich, dass Gott mir auch am kommenden Tag des Drehs beistehen würde. Jetzt lag es an mir, den Schalter des Zweifelns im Vertrauen auszuschalten und einzuschlafen. Was ich tat. Und ich schlief in dieser Nacht unerwartet mit einem großen Frieden im Herzen und einer tiefen Ruhe ein.

„Meinen Frieden gebe ich euch; einen Frieden, den euch niemand auf der Welt geben kann.“ *Johannes 14,27*

Der große Tag war gekommen und ich war ruhig. Obwohl ich die Tage davor so neben mir gestanden hatte und wirklich Panik vor dem Dreh hatte, war ich erstaunlich entspannt. Als hätte Gott gesagt: „Ich wollte schauen, ob du bereit bist, deinen Teil zu tun. Ab hier übernehme ich.“ **Positive, unerwartete Momente, die du nie mehr vergessen wirst, erlebst du nur, wenn du den ersten Schritt selbst gehst!** Ich fuhr zum Hotel, *dem* Hotel, das für mich voller Erinnerungen steckte, und sah schon den großen Lieferwagen mit dem ganzen Equipment für den Dreh vor der Türe stehen. Das Team war am Ausladen und ging lachend im Hotel ein und aus. Die Stylistin für den Tag und eine weitere Dame aus dem Team fingen mich vor dem Hotel super herzlich ab und gingen schnellen Schrittes in Richtung Eingang. Ich wollte schreien: „Moment! Hat das denn gar keine Bedeutung für euch? Wisst ihr nicht, dass ich seit meiner Trennung nie mehr hier gewesen bin und dieser Ort voller Erinnerungen für mich steckt?“ Doch ich tat es nicht. Ich ließ alles los und ging den nächsten und nächsten und nächsten Schritt. Dieses Mal war es kein Schritt zurück, sondern nach vorne. Und es tat gut!

Der Tag verlief für alle Seiten besser als erwartet. Nach dem Hauptteil, dem Talk mit einem wirklich professionellen Moderator, war es kurz mucksmäuschenstill. Denn uns alle hatte das, was gerade „geschehen“ war, sehr berührt. Es fiel mir nicht schwer, von dem zu erzählen, was ich erlebt hatte. Denn noch einmal: Ich hatte vergeben. Und das merkte ich jetzt wieder einmal. Es war kein Interview, in dem es um Rache ging.

Auch als ich die Sendung im Nachhinein staunend anschaute, war ich überwältigt. Denn selbst ich dachte: „Wow, was für eine Frau!“ Und ganz ehrlich, das machen wir Frauen viel zu selten! Wann hast du das letzte Mal – oder überhaupt einmal – über dich selbst gesagt: „Wow, was bin ich doch für eine tolle Frau“? Tu mir einen Gefallen: Stell dich jetzt bewusst vor den Spiegel, lächle dich an und erinnere dich an alles, was du schon erreicht hast! Das macht jetzt nicht gleich eine arrogante Frau aus dir! Es ist gesund. Es ist gut! **Mit jedem Mal, mit dem du dich selbst wertschätzt, zeigst du Gott, dass du seine Arbeit gut findest!** Und das ehrt Ihn! Ich weiß ja auch, dass es nicht mein Verdienst war. Wobei, teilweise schon. Es war das Ergebnis meiner Suche nach meiner Identität im Wort Gottes. Und nur noch dort. Diesen Schritt war ich selbst gegangen. Und ich hatte mich gefunden. Ich hatte meine Identität gefunden, weil ich mich nun durch Gottes Augen sah. Ich war dabei zu lernen, dass ich ihm *alles* wert bin. So war ich es mir in diesem Moment ebenso wert, mir zu sagen: „Déborah, auch wenn du alleine beim Dreh gewesen bist und niemand aus deinem Umfeld erlebt hat, wie gut alles gelaufen ist: Ich bin stolz auf dich.“

Am späten Abend fiel ich dankbar und glücklich ins Bett. Doch tief im Inneren, irgendwo ganz unten, blieb ein winzig kleiner Beigeschmack, den ich nicht einordnen konnte. Ich konnte ihn weder fassen noch begreifen. Sehr bald schon aber sollte ich verstehen, wo er herkam.

8.
Sei es dir wert ... dich selbst zu lieben

Zwei Wochen später traf ich den gleichen Moderator zu einem Talk für das dazugehörige Radioformat wieder. Ich war dieses Mal nicht so nervös, denn „das Schlimmste" hatte ich ja überstanden. Und auch hier verlief der einstündige Talk wunderbar, was auch wirklich mit dem unglaublichen Einfühlungsvermögen des Moderators zu tun hatte. Denn er hatte begriffen, dass dies nicht nur eine „Story" war, sondern echtes Leben und somit viel mehr Emotionen für mich dahintersteckten. Die vorletzte Frage, wie schon so oft, lautete: „Hast du deinem ehemaligen Freund *wirklich* vergeben können?" Kein Zweifel. Ja, das hatte ich. Doch dann folgte eine allerletzte Frage, mit der ich nicht gerechnet hatte. Eine Frage, die mir noch nie gestellt worden war und mich in dem Moment aus der Bahn warf. Diese Frage sollte mich noch wochenlang beschäftigen: **„Und du, hast du dir selbst vergeben?"**

Ich kenne deine Geschichte nicht. Doch ich teile meine so offen mit dir, um dir zu helfen, die „unsichtbaren" Stolperfallen zu erkennen. In meinem Leben durfte ich schon so viele beeindruckende und starke Frauen kennenlernen, die mich inspiriert haben! Auch Frauen, die wir alle aufgrund ihrer Bekanntheit kennen. Frauen, die so erfolgreich in die Kamera lächeln, aber – wie wir – nur mit Wasser kochen. Ich habe Autorinnen getroffen, die Bücher über Essstörungen schreiben, während sie selbst noch komplett krank sind. Schauspielerinnen, die vor der Kamera betonen, wie wichtig es ist, mit sich selbst im Reinen zu sein, die aber schwer bulimiekrank sind. Viele von ihnen muss man nur leicht anstupsen und sie brechen in Tränen aus. Vergiss niemals: Wir sind alle ähnlich! Egal, wie erfolgreich! Deswegen ist es so gefährlich, wenn gerade junge Menschen sich Vorbilder im Internet suchen. Menschen werden immer versagen. **Wirklich glücklich kannst du nur dann werden, wenn deine Worte noch Bestand haben, wenn keiner mehr da ist. Wenn dein Glaube dann noch Bestand hat, wenn alles zerbricht.** Ich selbst war schon ein halbes Jahr mit meinem neuen Buch auf Tour gewesen, in dem das Hauptthema die Kraft der Vergebung ist. Und ja, ich hatte meinem Ex tatsächlich vergeben! Ganz ehrlich, es hat mir sogar richtig Freude gemacht, darüber zu sprechen. Gott hatte mir eine Leichtigkeit geschenkt und ich sah täglich an mir selbst, wie frei es mich gemacht hatte, diesem Mann zu vergeben! Wenn ich an der Stadt vorbeifahre, in der er lebt, fange ich automatisch an, für ihn zu beten, und muss dabei grinsen, weil es doch unfassbar ist nach allem, was passiert ist! So sehr hat Gott mein Herz geheilt! Und andersherum auch. Wenn ich kurz nach dem Scheitern der Beziehung Bilder von ihm in den sozialen Medien sah, tat es mir immer schrecklich weh. Die Frage nach dem „Warum“ zerriss mich jedes Mal, und ich litt einfach fürchterlich. Jetzt hat Gott mir in kürzester Zeit mein „altes Leben“, aber tausendfach besser (ja, so ist Gott), zurückgegeben, und wenn ich zufällig über ein Bild von ihm stolpere, dann erkenne ich: „Oh Mann, mit dir hätte ich all das verpasst, was ich jetzt erleben darf! Gut, dass es vorbei ist.“ Selbst das „Warum?“ ist verschwunden. Sogar alle Gefühle der optischen Anziehung. Alles weg! Für mich ist das ein riesiges Wunder und Wandel meiner Emotionen innerhalb kürzester Zeit (und nochmals: Ja, das kann Gott – auch bei dir!).

Und so war ich schon über ein halbes Jahr glücklich mit dieser befreienden Message auf Tour gewesen, die vielen wirklich aus der Seele spricht und im Herzen trifft. Und doch hatte ich einen ganz wichtigen Punkt nicht einmal wahrgenommen. Zwar stellte ich von der Bühne aus oft die Frage: „Hast du dir vergeben?“ Doch an mich selbst dachte ich dabei niemals. Vielmehr dachte ich: „Zum Glück hatte ich das Problem nie.“ Nachdem der Moderator mir diese Frage direkt gestellt hatte, begann ein völlig neuer, ein weiterer Prozess für mich! Und ich wollte mich darauf einlassen, weil ich wusste, wie viel Kraft in der Vergebung steckt. Wie viel würde erst in der Selbstvergebung (!) zu finden sein, wenn ich das zulassen würde!

„Liebe deinen Mitmenschen wie dich selbst!“

Galater 5,14

Wenn du das nicht kannst, dich selbst lieben, wird es unmöglich sein, dir selbst zu vergeben. **Wer liebt, der vergibt.** Ich bin dankbar, nach über sieben Jahren der Essstörung sagen zu können, dass ich kein Problem damit habe, mich zu lieben! Klar habe ich auch meine Tage, an denen die Hosen alle zu eng geworden sind und mich das extrem ärgert und frustriert. Doch das ändert niemals etwas an dieser Basis der Liebe zu mir selbst, weil ich weiß, wie viel Zeit es mich kostet, wenn ich wegen einer solchen Banalität anfange, an mir zu zweifeln. **Mein Gewicht bestimmt mich nicht.** Es ist und bleibt ein Kampf, den ich aber gelernt habe, erfolgreich zu kämpfen. Mit mal besseren und mal schlechteren Tagen. Doch immer erfolgreich. Die Emotionen, gerade an einem „schlechten" Tag, lasse ich nicht gewinnen. Das heißt, statt zu schmollen, ziehe ich gerade an diesem Tag ein Outfit an, in dem ich mich dennoch wohl- und schön fühle, und style mich besonders. „Es gibt keinen zu schlechten Tag für ein tolles Outfit!" Auch dein Leben sollte nicht von deinem Gewicht bestimmt werden. Das kurz als Zusatztipp.

Würdest du mal zusammenrechnen, wie viele wertvolle Stunden du dich über dein Aussehen ärgerst und denkst: „Wäre ich bloß schlanker, hätte ich bloß andere Haare" oder was auch immer, dann wird dir erschreckend bewusst werden, dass du in dieser Zeit auch hättest auf die Knie gehen können, um Gott zu bitten, dir den nächsten Schritt für deinen Lebensweg zu zeigen. Ein simples Gebet. In der Zeit könntest du die ersten Schritte gehen, um dich selbstständig zu machen mit deinem Traum, eine Stiftung zu gründen, dich weiterzubilden oder, oder, oder … **Wovon auch immer du träumst: Tu es und warte nicht auf den Moment, an dem du dich wohl genug fühlst! Denn schön und voller Ausstrahlung wirst du automatisch, wenn du den für dein Leben ins Herz gelegten Traum lebst!**

Und auch auf diesem Weg darfst du versagen! Keine Sorge, ich mache super viele Fehler und versage so oft! Manchmal staune ich, wie Gott es fertigbringt, mich zu gebrauchen, um in so viele Leben zu sprechen, wo ich doch selbst absolut nicht perfekt bin! Doch genau das ist ja so spannend. Früher versuchte ich, jedem zu erzählen, wie ich bekannt wurde als „die singende Flugbegleiterin", in wie vielen TV-Shows ich schon aufgetreten bin, welche Weltstars ich auf Tour begleiten durfte, wen ich alles persönlich kenne usw. Und heute? Heute weiß ich, wer ich bin, und ruhe darin. Ich muss keinem erklären, welche tollen Leute ich kenne, denn ich weiß, dass Gott mich zu einem tollen Menschen machen will. Heute habe ich so einen starken Draht nach oben und durchschaue die größten Manager mit göttlichem Blick. Denn sie könnten nichts in meinem Leben bewirken. Wenn Gott sagt: „Go, mit dem sollst du arbeiten!", dann wird er sein Herz dazu bewegen. Wenn nicht, dann sollte es nicht sein. Ich gehe in Meetings mit dem Ziel, die Herzen der Manager mit der Wahrheit zu erreichen, die auch sie frei machen wird! Und somit ist ein Meeting niemals sinnlos! **Wenn du dich dafür entscheidest, an jeden Ort bewusst zu gehen, um deinen guten Duft, eine Note der Liebe zu hinterlassen, dann ist keine Sekunde deines Lebens mehr sinnlos!** Denn das ist unser aller Auftrag! Auch wenn es „nur" ein Elternabend ist oder der Moment, an dem der Postbote an der Türe klingelt und du zwischen dem Kochen und dem schreienden Baby schnell die vier Etagen runterhetzen musst. Nutze den Moment! Schenk dem Postboten ein Lächeln. Lebe bewusst!

All das kannst du, wenn du wie ich durch und durch erkennst, dass Gott dich höchstpersönlich wollte! So wie du (jetzt gerade!) bist, hat er aus Liebe alles für dich gegeben! Mein höchstpersönlicher Dank an Ihn ist, dass ich mich annehme und mich selbst genauso liebe, wie er mich liebt! Wenn du dich selbst nicht lieben und annehmen kannst, dann ist das hier aus Philipper 3,7-10 für dich:

> „Aber seit ich Christus kenne, ist für mich alles wertlos, was ich früher für so wichtig gehalten habe. (Dass ich perfekt sein muss, hübsch genug, nicht versagen darf. Denn ich muss nicht fehlerfrei sein, um von Ihm geliebt zu werden, also darf ich mir das gönnen, mich so zu lieben, wie ich bin!)
> Denn das ist mir klar geworden: Gegenüber dem unvergleichlichen Gewinn, dass Jesus Christus mein Herr ist, hat alles andere seinen Wert verloren. (Weil ich in Ihm alles finde, was ich je brauchen werde! Vom Selbstwert bis hin zu einem SINNvollen Leben).
> Ja, alles andere ist für mich nur noch Dreck, wenn ich bloß Christus habe. (Und dadurch seine Liebe annehme, auch für mich persönlich).

Zu ihm will ich gehören. Durch meine Leistung kann ich vor Gott nicht bestehen, selbst wenn ich das Gesetz genau befolge. (Aha, du darfst also auch versagen!).
Was Gott durch Christus für mich getan hat, das zählt! Darauf will ich vertrauen. (Es ist also ein Handeln deinerseits gefordert. Eine Entscheidung, die in deinem Herzen stattfinden muss. Schenke Ihm dein Vertrauen und lass du dich dafür mit Seiner Liebe beschenken).
Ihn will ich immer besser kennen lernen und die Kraft seiner Auferstehung erfahren!"

So, und jetzt lies den Vers in deiner eigenen Bibel noch einmal für dich durch. Und dann schließe die Augen und schau aufs Kreuz. Das ist Liebe. Das ist Jesu Frage an dich: „*Hat all das nicht gereicht, um dir zu beweisen, wie sehr ich dich liebe und wie sehr ich mir wünsche, dass auch du dich liebst?*" Ob in einer Beziehung oder nicht, wir alle würden uns wünschen, dass die Person, die wir lieben, sich selbst genauso lieben würde, wie wir es tun. Wenn dem nicht so ist, ist die Beziehung niemals wirklich gesund. Und genauso wünscht sich Jesus, dass du siehst und erkennst, was er in dir sieht … und dass du dann anfängst, dich selbst zu lieben, wie er dich liebt. Nimm dir Zeit. Denk darüber nach.

Mein süßer Neffe hat mein Leben in dieser Beziehung komplett verändert. Und die Mütter, die das lesen, werden das sehr gut nachvollziehen können. Ich hätte niemals gedacht, dass so ein kleines Baby, das sich noch nicht einmal ausdrücken kann, stattdessen aber ständig in die Hosen macht und herumschreit, mein ganzes Leben auf den Kopf stellen würde. Die Familie meines Bruders wohnt in Frankreich. Zum Glück ist das vom Studio, in dem ich oft an neuen Songs arbeite, nicht allzu weit entfernt, denn ich kann nicht anders: Ich muss, so oft es geht, zu ihm. Weil ich ihn so unfassbar stark liebe! Und er kann machen, was er will! Er kann mich sogar ignorieren, obwohl ich gerade zwei Stunden gefahren bin, nur um ihn zu sehen. Es reicht mir, einfach da zu sein und ihm beim Spielen, ja, sogar beim Trotzen zuzusehen. Und während ich das so miterlebe, denke ich jedes Mal: „Wow, Gott! So bist du also! Du liebst mich, auch wenn ich zicke. Wenn ich dir gar keine Beachtung schenke, bist du dennoch da und wartest darauf, dass ich zu dir komme!" Sobald mein Neffe hinfällt und sich verletzt, hört man ihn sehr schnell „Mama, Mama" oder „Papa, Papa!" rufen, bevor er sich in die Arme seiner Eltern fallen lässt. Er weiß, dass er immer getröstet wird. So ist Gott auch immer da, wenn wir fallen. Er empfängt uns mit offenen Armen! Wenn ich mit meinem Neffen etwas unternehme, das ihm Spaß macht, oder er Leckeres zu essen bekommt, dann schaut er mich schnell mit großen Augen an und sagt: „Mehr, mehr!" Ja, sobald Gott mir zeigt, was alles möglich ist, wenn ich mich an ihn hänge, dann schreit mein Herz auch: „Mehr, mehr!" Wir müssen nur begreifen, dass er da ist! Dass er völlig hin und weg ist von uns! Selbst wenn wir uns schlaflos im Bett wälzen. Das Babyphone ist immer an, und sobald wir rufen, eilt er heran! So ist Gott!

Vielleicht hast du in deinem Leben nie die Liebe deines Vaters erlebt und es fällt dir schwer, das, was ich geschrieben habe, zu glauben. Vielleicht warst du in einer so unglücklichen Beziehung wie ich, und es fällt dir schwer zu glauben, dass es „echte, reine und pure Liebe“ gibt. Dann halte dir das Baby vor Augen. Wenn wir schon so sehr lieben können, wenn wir ein Baby sehen, wie viel mehr muss der Vater aller Väter mit der echtesten, reinsten und pursten Liebe lieben, die es nur geben kann?! Meine Eltern brachten mir als Kind ein französisches Lied bei, das mir gerade beim Schreiben wieder in den Sinn kam. Der Text lautet: *„Jesus wird nie aufhören, dich zu lieben. Jesus weiß, wie man dich tröstet. Die Liebe, die du wirklich suchst, ist Jesus. Freund der verletzten Herzen.“* Als Kind konnte ich nicht ahnen, dass mir dieses Wissen eines Tages so wichtig werden würde. Doch es ist die Wahrheit: Er ist die Liebe. Der perfekte Vater. Bei ihm findest du alle Antworten.

9. Sei es dir wert ... dir selbst zu vergeben

Lass mich in diesem Kapitel zurückkehren zu dem zweiten Schritt, den Gott mir klar und deutlich auf mein Herz gelegt hat. Nicht nur „Liebe deinen Nächsten wie dich selbst“, sondern „Vergib deinem Nächsten (ist ja schon schwer genug) wie dir selbst“. Den ersten Part hatte ich mit Bravour geschafft. Aber erst später wurde mir bewusst, dass ich damit noch nicht das Ziel erreicht hatte. *Die Frage des Moderators, ob ich mir selbst vergeben hatte, ließ mich nicht mehr los.* Nie im Leben hätte ich gedacht, dass ich damit ein Problem habe. Und dass das überhaupt so eine große Bedeutung hat! Zunächst leuchtete mir nicht ein, warum ich das tun sollte. Ich war doch das Opfer gewesen! Dennoch war es mir mit Gottes Hilfe gelungen, „meinem Nächsten“ schon lange zu vergeben. Warum jetzt auf einmal „Selbstvergebung“? Tagelang wühlte mich dieser Gedanke innerlich völlig auf. Bis mir meine Freundin Traci aus den USA aus dem Nichts heraus eine WhatsApp schickte und ankündigte, dringend mit mir telefonieren zu wollen. Tracy ist eine unfassbare Frau, Mutter und Freundin, die so eng mit

Gott lebt, dass man das Gefühl hat, er würde konstant durch sie sprechen. Ich habe vor und nach ihr nie wieder so etwas erlebt! Und ich hatte nun über ein Jahr praktisch keinen Kontakt mehr zu ihr gehabt – bis zu diesem Moment! Sie schrieb mir, dass sie von mir geträumt hatte, wie meine Krone, die eine Zeit lang von meinem Kopf gefallen war (die Zeit meiner Depression nach der Trennung), nun zwar wieder auf meinem Kopf sei, aber nicht fest sitze. Ständig rutschte sie und ich versuchte mit Mühe und Not, die Krone mit meinen Händen auf meinem Kopf zu halten. „Déborah, du tust zu viel", meinte sie. Ich verstand nicht. *„Es wird Zeit, dass du aufhörst, selbst die Starke zu sein, und Gott den Starken sein lässt." Akzeptiere, dass du Fehler gemacht hast, indem du diese Beziehung eingegangen bist und dich nicht schnell genug zurückgezogen hast.* **Vergib dir, dass du in der Theorie alles wusstest, es aber nicht geschafft hast, das umzusetzen. Vergib dir, dass du dich hast verletzen lassen.** *Vergib dir, dass es dich, was deine Berufung angeht, um zwei Jahre zurückgeworfen hat.* (Ich hatte in der Zeit kaum noch Auftritte angenommen und dadurch so viele Chancen verpasst, durch meine Geschichte anderen Menschen Mut zu machen.) *Vergib dir, dass du dich emotional hast missbrauchen lassen. Dass alles, was du über Jesus wusstest, nicht im Vordergrund stand, sondern deine eigenen Bedürfnisse und deine Selbstzweifel."*

Puh. Das war eine Ansage! Das hatte ich bisher gut hinter meinem „Ich habe ihm doch vergeben" verstecken können. Jetzt war ich dran. Und das war viel schwerer. Denn einerseits dachte ich: „Ach komm, ich bin jetzt nicht so wichtig", wie das recht typisch ist für uns Frauen. Und ganz ehrlich dachte ich auch: „So schlimm war das jetzt auch nicht." Es gibt verschiedene Reaktionen darauf: Die einen halten an ihrem Selbstmitleid fest und die anderen sagen: „Schwamm drüber, weiter geht's", ohne groß darüber nachzudenken. Doch irgendwann holen die unverarbeiteten Momente sie ein. Und glaub mir, vor ein paar Jahren hätte ich darüber gelacht und gesagt, dass es ein Zeichen von Schwäche ist, wenn man alles verarbeiten muss. Doch jetzt, mit ein paar Jährchen der Erfahrung mehr auf dem Buckel, darfst du mir glauben, dass es wichtig und essenziell ist, auch mal genauer hinzuschauen. Denn oft steckt hinter dem „Schwamm drüber, weiter geht's!" auch ganz viel verborgener Stolz und Egoismus und gleichzeitig auch zu wenig Selbstbewusstsein.

Wenn ich ganz ehrlich zu mir bin, hatte ich diesen Gedanken, dass ich mir selbst auch vergeben muss, immer beiseitegeschoben. Mir war es wichtiger, dass mein Publikum die Kraft der Vergebung in meiner Geschichte erfährt, als mir selbst zu vergeben. Ich wollte mich selbst einfach nicht so wichtig nehmen. Diese Gedanken schlummerten unter ganz vielen Lagen des Selbstbewusstseins. Sodass selbst ich sie nicht gleich entdecken und bekämpfen konnte! Doch das Schlimme an diesen versteckten Gedanken ist, dass sie solch eine Power haben, dass selbst ich, als ich so froh und dankbar war, meinem Ex vergeben zu haben, schlaflose Nächte hatte und viele Situationen aus der Zeit immer wieder hochkamen! Es hatte aber nichts mit ihm zu tun! Sondern mit mir! Und deswegen habe ich gerade erwähnt, wie wichtig es ist, nicht „Schwamm drüber, weiter geht's!" zu sagen, sondern auch hier *einen Schritt zurückzugehen* und das Ganze nochmals genauer und neutral zu analysieren. Besonders Frauen in Verantwortung gönnen sich diese Zeit oft nicht. Denn das Leben muss „schnell" weitergehen. Und damit meine ich nicht nur Frauen, die auf der Bühne stehen. Ich meine dich! Ob du nun Mutter, Tochter, Freundin, Angestellte oder was auch immer bist. Irgendwie sind wir alle „Frauen in Verantwortung". Sei es dir wert, dir die Zeit zu nehmen und bis zur Basis deines Seins zu überprüfen, ob du wirklich okay bist!

Das habe ich schon als Flugbegleiterin gelernt: Du kannst Menschen erst helfen, wenn du selbst in Sicherheit bist. Deswegen musst du bei einem Druckabfall im Flugzeug zuerst selbst nach der Sauerstoffmaske greifen, bevor du dich um dein Kind oder um andere Passagiere kümmern kannst! **Du musst dich für so wichtig erachten, dass du dich zuerst liebst, bevor du anderen eine Hilfe sein kannst!**

10.
Sei es dir wert ... deine Emotionen zu besiegen

Wir können uns noch so sicher, noch so stark fühlen: Es gibt dieses eine Gefühl – und ich schreibe ganz bewusst „Gefühl" –, das unsere Narben aufreißen und somit alle Fortschritte wieder zerstören kann. Ich meine die Einsamkeit. Weshalb ich sage, dass es ein Gefühl ist? Weil es niemals der Wahrheit entspricht. Du bist niemals alleine. Nie. Keine Sekunde deines Lebens. *Es ist einzig und allein ein Gefühl.* Ein sehr starkes. Eines, dem wir sehr gerne recht geben. Ein Gefühl, das uns weinen lässt. Das uns suggeriert, wie schwach wir sind. Das uns einredet, dass keiner Zeit mit uns verbringen möchte. Und hier wird es gefährlich! Deswegen musst du, die Frau, die jetzt dieses Buch in den Händen hält und dabei ist, ihren eigenen faszinierenden Duft zu entwickeln, ganz vehement dagegen ankämpfen. Und den ersten Schritt dazu hast du hoffentlich im letzten Kapitel gelernt: „Sei es dir wert, dich selbst zu lieben!" Auch den nächsten Vers habe ich schon in meinem letzten Buch zitiert. Und er ist so wichtig, dass ich es nochmals tun werde. Für mich ist er der absolute Top-1-Vers für alle, die zu einer starken Frau werden möchten:

„Was ich dir jetzt rate, ist wichtiger als alles andere: Achte auf deine Gedanken und Gefühle, denn sie beeinflussen dein ganzes Leben!" *Sprüche 4,23*

Denn wir Frauen, wenn ich mir das zu sagen erlauben darf, sind immer nur ein paar Momente von unserem nächsten emotionalen Zusammenbruch entfernt.

Der größte Kampf unseres Lebens findet zwischen unseren beiden Ohren statt!

Es gäbe jetzt 1.000 Beispiele, höchst dramatische aus meinem eigenen Leben, die ich dir aufschreiben könnte. Doch ich möchte dir ganz bewusst ein sehr simples Beispiel nennen, das so harmlos ist, doch im Moment, in dem man es erlebt, unsere komplette Laune ruinieren kann. Wieso? Weil viele von uns Frauen so gestrickt sind. Und wenn wir nicht aufpassen, dann können solche Kleinigkeiten uns ganz viele wundervolle Tage und Momente unseres Lebens kosten. Und jetzt wünschte ich, ich könnte dir sagen: „Weißt du, vor langer, langer Zeit, da ist mir Folgendes passiert …" Aber nein, ich gestehe, heute Abend, während ich dieses Buch schreibe, ist folgende Situation entstanden: Ich hatte vor einer Woche mit Freunden abgemacht, dass ich sie besuchen kommen würde, um mit ihnen den Sonntag zu verbringen. Sie wohnen circa 150 km von mir entfernt und so war ich froh, mal eine neue Gemeinde einfach nur als Gast besuchen zu können, ohne dort einen Auftritt zu haben. Außerdem hatte ich zusätzlich noch zwei alte Schulfreundinnen dazu eingeladen. So etwas ist für mich ein echtes Highlight. Erstens komme ich praktisch nie dazu, einen Gottesdienst zu besuchen, ohne dort eine Aufgabe zu haben. Und zweitens war das einer der ganz wenigen Sonntage überhaupt, an denen ich keine weiteren Termine hatte. So etwas kommt fast nie vor. Seit Tagen versuchte ich nun, meine Freunde zu erreichen, doch ohne Erfolg. Den halben Samstag saß ich schmollend daheim und dachte mir: „Denen ist es doch egal, ob ich komme oder nicht. Ich gebe mir so viel Mühe, muss so weit fahren, und ich bin es ihnen nicht einmal wert, dass sie sich bei mir melden." Ich verlor mich immer mehr in diesen Gedankenspiralen: „Siehst du, Déborah, hättest du nicht deine Auftritte, dann würde es niemanden interessieren, was du machst. Du hast ja gar keine Freunde. Es will ja gar keiner bei dir sein. Du bist allein." Eine Lüge nach der anderen wollte sich Platz schaffen. Ja, viele Jahre lang habe ich solche Lügen zugelassen. Ich habe meine Tage damit vergeudet, solche Gedanken zu denken, traurig zu sein und das Haus nicht zu verlassen. Doch ich habe dazugelernt. Und das möchte ich dir weitergeben, weil es sehr vielen von uns so geht.

Punkt 1: Auch hier mache ich heute innerlich erst einmal einen Schritt zurück und frage mich zunächst mal: „*Wieso* melden sie sich wohl nicht? Was sind die *wahren* Gründe?" Und ich warte die Rückmeldung ab, um die Wahrheit zu erfahren, bevor ich mir ein Urteil bilde. Natürlich war ich traurig, weil ich mir dachte: „Super, mein Plan für das letzte freie Wochenende ist geplatzt", aber ich dachte auch: *„Gott, was willst du mir damit sagen? Hast du etwas anderes vor?"*. Und genau das ist der Punkt! **Wenn dein eigener Plan nicht funktioniert, dann sei**

voller Vorfreude auf das Unerwartete! Ich kann dir sagen, was in diesem Fall bei mir passiert ist. Erst einmal habe ich mich entschieden, mir den Samstagabend nicht durch Einsamkeit verderben zu lassen. Ich bin zu meinem Lieblings-Vietnamesen, habe mein Lieblingsessen bestellt, mir ein Glas Wein dazu gegönnt und mich damit auf meine Couch gesetzt, während ich einen tollen Film angeschaut habe. In dem Moment fiel es mir wie Schuppen von den Augen. Denn noch am frühen Nachmittag hatte ich gebetet: „Gott, was ist es, was den meisten Frauen Sorgen macht? Welches Thema soll ich in meinem Buch als nächstes ansprechen?“ Und da war es! Ich hatte vorübergehend vergessen, was es bedeutet, sich alleine zu fühlen. Nicht weil ich niemals alleine bin (das bin ich sehr oft), aber weil ich ganz bewusst in einer tiefen Beziehung mit Jesus lebe, die mir immer wieder die Augen für die Wahrheit öffnet. Weil ich mir immer wieder bewusst mache, dass er da ist. Erinnerst du dich an das, was ich über meinen Neffen geschrieben habe? Papa ist immer da! Und wieder muss ich meinen Lieblingsvers zitieren, der das Leben einfach leichter macht:

> „Ihr werdet die Wahrheit erkennen, und die Wahrheit wird euch befreien!“ *Johannes 8,32*

Wenn du mit Jesus verbunden bleibst, wird er dir zeigen, was richtig und was falsch ist. Welche Gedanken gut und welche schlecht für dich sind. Ich versuche, mich täglich an diesen Vers zu erinnern, bis ich es irgendwann hundertprozentig leben kann:

„Denke bei jedem Schritt an ihn ...“ *Sprüche 3,6*

Ich weiß, dass Gott dann so richtig viel Segen über meinem Leben ausschütten wird. Und dass ich mich vor nichts, auch vor der Einsamkeit, nicht fürchten muss. Denn er hat versprochen:

„Ich bin immer bei euch, bis das Ende dieser Welt gekommen ist.“ *Matthäus 28,20*

Seien wir ehrlich: Würden wir das hundertprozentig glauben und hundertprozentig leben, dann würden wir sehen, dass dieser Vers auch bedeutet: Bei dir, Single-Lady, die du allein auf deiner Couch sitzt, ist er direkt neben dir! Du bist nicht allein! Und auch für dich, du verheiratete Frau, die du dich so oft einsam fühlst, weil dein Mann oft beruflich vereist oder gar emotional abwesend bist, gilt:

„Der Herr selbst geht vor dir her. Er steht dir zur Seite und verlässt dich nicht.
Immer hält er zu dir!“ *5. Mose 31,8*

Dass du also „alleine“ bist, ist *immer* eine Lüge. Es gibt als Kind Gottes kein *allein* mehr! Ist das nicht unglaublich? Klar, du kannst Gott nicht berühren wie einen Partner. **Aber er kann dich berühren, wie es ein Partner niemals könnte.** Mit einer Liebe, einem Frieden, einer Zuversicht, die er dir direkt in dein Herz gibt, *wenn du ihn darum bittest!*

11.
Sei es dir wert ... einen Babyblick zu haben

Kommen wir noch mal auf meinen kleinen, süßen Neffen bzw. auf Babys grundsätzlich zu sprechen. Gott hat uns Lebewesen perfekt geplant und durchdacht. Doch er weiß auch, wie viel wir wann vertragen. Zum Beispiel entwickeln sich die Augen eines Babys in der Schwangerschaft sehr früh. Doch wird das Sehvermögen bis zum siebten Monat durch die fest verschlossenen Lider geschützt. Neugeborene können von der ersten Sekunde an sehen, jedoch nur unscharf. In den ersten Wochen nehmen die Kleinen ihre Umgebung nur verschwommen war. Sie können nicht sehr weit sehen, nur das, was etwa 20–25 Zentimeter von ihrem Gesicht entfernt ist. Andere Gesichter sind für sie besonders spannend. Schon nach wenigen Stunden nimmt ein Neugeborenes Augenkontakt mit seiner Mutter auf. *Das reicht einem Baby, um Vertrauen zu entwickeln. Dadurch fühlt es sich sicher, auch wenn es die Umgebung, in der es ist, nicht erkennen, geschweige denn verstehen kann.* Was ich damit veranschaulichen will? Das Einzige, was du sehen musst, ist deinen Vater! Du bist in seinen Augen dieses hilflose Baby.

Doch er weiß genau, was du als Nächstes brauchst, und wird dich füttern, pflegen, dir das Laufen beibringen, dich lieben und beschützen. Gott geht mit dir Schritt für Schritt den Weg, und zu seiner Zeit gibt er dir mehr und mehr dazu. Er wird dir im richtigen Moment die nächsten Schritte zeigen. Deine Aufgabe? Halte den Blick immer auf ihn gerichtet, auch wenn du sonst nichts klar sehen kannst!

Doch jetzt zurück zu mir und meiner Enttäuschung über den verpatzten Sonntag. Ich habe diese Situation bewusst analysiert. Ich habe versucht, nicht nach links und rechts zu schauen, wo ich ohnehin nicht klar gesehen hätte, was los ist. Ich habe die paar Zentimeter nach vorne geschaut, in die Augen meines Vaters, und ihn gebeten, mir zu zeigen, weshalb ich mich jetzt so fühle. Dadurch konnte ich die schlechten Gedanken von „Keiner interessiert sich für mich. Niemand will mich!" einfangen und mit der Wahrheit durchleuchten. **Du musst lernen, deinen aktuellen Gefühlszustand mit dem Licht der Wahrheit zu durchleuchten!** Ich habe den negativen Gedanken keine Macht gegeben. Und was ist passiert? Als ich dieses Kapitel aufgeschrieben habe, weil mir bewusst wurde, dass wir täglich mit solchen Situationen konfrontiert werden können, erhielt ich den lang ersehnten Anruf. „Hey, Déborah! Entschuldige, heute ist einiges chaotisch gelaufen bei uns. Wir würden uns so freuen, wenn du morgen kommen könntest. Hast du Zeit?" Ich hätte schmollen können und mir so meinen Abend vermiest. Doch ich hatte mich entschieden, etwas aus der „ungeplanten Situation" herauszuholen. Und zum Schluss hatte ich doppelt gewonnen: Zu der Verabredung hatte ich ein ganzes neues Kapitel für mein Buch bekommen und einen entspannten Abend auf meiner Couch gehabt.

Nun bin ich ja mit Mitte 30 noch Single, habe nicht die Verpflichtungen, wie sie eine Ehefrau und Mutter hat. Doch ich möchte ganz bewusst und vielleicht gerade auch deswegen darüber sprechen. Denn vielleicht ist es das, was genau du hören solltest! Eines nehme ich vorweg. Egal ob Mutter, Schülerin, Karrierefrau oder Arbeitssuchende. **Wir wollen häufig das, was wir nicht haben.** Der aktuelle Zustand ist nie gut genug. Garantiert! Die Arbeitssuchende hätte gerne einen Job, die Mutter gerne das Leben der Single, die ständig auf Reisen sein kann und ihre Freiheiten genießt. Die Schülerin wäre gern schon älter und hätte den ganzen Lernstress hinter sich. Ob du es glaubst oder nicht: Ich selbst hatte keinen anderen Wunsch, als mit 18 zu heiraten, viele Kinder in die Welt zu setzen und meinen Mann in jeder Hinsicht zu unterstützen. Ich wollte immer mit einem Pastor verheiratet sein, weil ich das von daheim kannte und ich mir nichts Schöneres vorstellen konnte. Nun gut, wie ihr seht, hatte Gott da einen komplett anderen Plan für mein Leben. Und heute sage ich: „Gott sei Dank!“ Natürlich habe ich Momente, in denen ich mich nach Liebe und Familie sehne. Selbstverständlich habe ich Augenblicke, in denen ich mich umschaue, überall junge Familien sehe und mich frage, ob ich das je haben werde. Und auch da muss ich für mich die Brille der Wahrheit aufsetzen, die Brille des Vertrauens in einen Gott, der sagt (ich wiederhole mich):

> „Was ich dir jetzt rate, ist wichtiger als alles andere: Achte auf deine Gedanken und Gefühle, denn sie beeinflussen dein ganzes Leben!“ *Sprüche 4,23*

Er betont zudem:

> „Denn ich allein weiß, was ich mit euch vorhabe: Ich, der Herr, werde euch Frieden schenken und euch aus dem Leid befreien. Ich gebe euch wieder Zukunft und Hoffnung.“ *Jeremia 29,11*

Zwar habe ich absolut nicht das Gefühl zu leiden! Mir geht es sehr gut. Doch diesen Frieden, den brauche ich immer wieder aufs Neue. Den Frieden zu wissen, dass alles gut ist und wird. Dass Gott nicht zu spät kommt für meine Träume. Und ich weiß, dass ich ihm meine Zukunft blind anvertrauen kann. Auch wenn alles anders wird, als ich es plane. Auch wenn ich nicht weiter sehe als bis in das Gesicht meines Vaters (denke an das Baby, das nur 20–25 Zentimeter weit sieht), dann reicht mir das! Das schenkt mir Frieden. Und das kannst du auch haben. Menschlich gesehen klingt das ziemlich verrückt. Doch noch mal, lass uns nicht aufhören, Gott unser Vertrauen zu schenken. In jeder Sekunde! Denn das ist es, was er am meisten liebt! Das steht mehrfach in der Bibel, zum Beispiel:

> „Er setzte sein ganzes Vertrauen auf den Herrn, und so fand er Gottes Anerkennung!“ *1. Mose 15,6*

Hier ist von Abraham die Rede. Abraham vertraute Gott und bekam dadurch seine Anerkennung. Was tun wir nicht alles, um Anerkennung von unseren Mitmenschen, unserem Chef oder sogar von unseren „Konkurrentinnen" zu bekommen?! Wir Frauen wollen gerne „gesehen werden". Anerkannt zu werden, ist die nächste Stufe. **Gott selbst schenkt dir seine Anerkennung. Er setzt das Garantiezeichen auf dein Leben. Die Garantie dafür, dass er dir eine Zukunft und Hoffnung schenkt. Garantiert. Versprochen.** Du musst weder dafür bezahlen noch etwas leisten. Du musst ihm einfach nur *vertrauen*. Wow! Ist das nicht unglaublich? Weshalb tun wir es dann nicht einfach? Weil wir Menschen sind. Ganz einfach. Weil wir immer noch unseren eigenen Weg bevorzugen und glauben, dass der „sicherer" ist. Weil das ja der Norm entspricht.

Worauf hörst du? Auf Menschen, die dir bestätigen, dass es alles viel zu durcheinander und hoffnungslos ist, um aus deiner Situation jemals wieder rauszukommen? Oder richtest du deinen „Babyblick" auf Gott, der dir sagt: *„Ich gebe dir wieder Zukunft und Hoffnung"*? Auch hinter dem so schön erscheinenden Leben im Glamour und Luxus spielen sich Geschichten ab, mit denen keiner rechnet. Und egal ob superreich oder bettelarm, wir alle müssen eine Entscheidung für unser Leben treffen: **„Glaube ich dem, was meine Umstände sagen, oder vertraue ich Gott?"** Es ist leicht zu vertrauen, wenn alles gut läuft. Ich habe das unglaubliche Vorrecht, in einer Familie aufgewachsen zu sein, in der Gottvertrauen das Normalste auf Erden war. So bin ich in dieses Vertrauen sehr jung hineingewachsen.

Und ganz ehrlich, das ist wertvoller als die beste Schulausbildung und ein dickes Bankkonto zugleich! Für mich war dadurch selbst in wirklich unguten Situationen klar, dass es einen Weg geben würde und dass Gott gerade in solchen Situationen zeigen möchte, dass er am längeren Hebel sitzt.

Wollen wir wirklich glauben, dass unsere Situation und „die Umstände" gegen unsere Träume sprechen? Niemals! Ich sagte zu Beginn, dass wir uns immer das wünschen, was wir nicht haben. Ich hatte ja den Wunsch, eine große Familie zu gründen. Eine meiner Freundinnen, die eine super Sängerin ist, wollte Musik machen. Was geschah? Ich wurde Sängerin, und sie bekam sehr jung viele Kinder. Wir haben uns dann etwas aus den Augen verloren, doch aus der Distanz beobachtete ich sie und ihre wachsende Familie. Und während ich hart an der Musik arbeitete, von Networking-Termin zu Auftritt flog, dachte ich: „Ach, sie hat einen Mann, der sie liebt, und so süße Kinder!" Als wir uns nach Jahren wiedersahen, schossen mir Tränen in die Augen, als sie meinte: „Déborah, ich muss mich bei dir entschuldigen. Ich war so lange so eifersüchtig auf dich, weil du mein Traumleben gelebt hast!" Ich konnte es kaum glauben. Denn eine so schöne Familie, wie sie es sind, ist der Traum fast jeder Frau! Jede von uns hat mal das Gefühl, irgendwo zu kurz zu kommen, oder etwas zu verpassen. Viele kennen auch die Angst, sich falsch entschieden zu haben. Die Bedenken, es könnte morgen anders sein, wenn der Ehepartner einen betrügt. Den Schmerz eines verlorenen Babys. Jede hat ihre Geschichte. Jede sehnt sich ein wenig nach dem, was die andere hat. Und jetzt möchte ich mal ganz laut STOPP schreien! Wie wäre es, wenn wir damit aufhören? Und unser Leben mal so richtig umarmen mit allem, was wir mitbekommen haben? Wenn wir nicht immer gleich denken: „Aber, aber da fehlt noch was und das stimmt noch nicht" oder: „Ach, hätte ich bloß …". Sondern all das mal ersetzen durch ein simples Gebet: „Gott, ich vertraue dir!" Es wird dein Leben komplett auf den Kopf stellen! Denn es befreit, macht glücklich, stark und es macht dich unempfänglicher für die negativen Worte der Menschen, die oft selbst vom Leben gefrustet sind. Behalte bei allem, was du tust, und auch bei allem, was andere Menschen über dich sagen, den „Babyblick" in die Augen Gottes!

12.
Sei es dir wert ... Plan B zu vertrauen

Wir mögen diese Zeiten nicht, in denen alles anders läuft als geplant. Es macht uns Angst, die Kontrolle zu verlieren. Ein Grund kann sein, dass wir uns dafür selbst vergeben müssen. Nehmen wir diesen extremen Fall einer unverhofften Schwangerschaft. Ich erinnere mich noch sehr wohl daran, als ich in den ersten Jahren auf Tour war und meist bei der Pastorenfamilie übernachtet habe, die mich eingeladen hatte. An diesem Abend saßen wir nach dem Auftritt noch zusammen, waren glücklich und feierten den gelungenen Abend. So viele Menschen waren gekommen. Manche hatten keine Ahnung von Gott und Kirche, was ich immer am meisten liebe! Doch während wir feierten, saß die Tochter des Pastors schweigend in der Ecke. Ich kannte sie nicht und ging davon aus, dass sie einfach schüchtern war. Mitten in der Nacht sollte ich eines Besseren belehrt werden. Als es nach Mitternacht an meiner Tür klopfte, war ich dann doch recht erschrocken. Vor mir stand ein völlig verzweifeltes, weinendes Mädchen: „Es tut mir so leid, dass ich dich in deiner Privatsphäre störe, aber ich weiß nicht mehr weiter.“ Sie war maximal 16 Jahre und schon so verzweifelt. Sie fuhr fort: „Ich bin mit einem muslimischen Jungen zusammen, das ist für meine Familie schon schlimm genug.“ Ja, das konnte ich mir vorstellen. „Déborah …“, und nun schluchzte sie so stark, dass ihr ganzer Körper zitterte. „Ich glaube, ich bin schwanger!“ Natürlich hatte sie einen Fehler gemacht! Natürlich war das absolut nicht der Plan A für ihr Leben gewesen! Aber *natürlich* gilt alles, was ich gerade aufgeschrieben habe, genauso für das Leben dieses Mädchens! Und wenn sie damit zu Gott kommt, kann es *natürlich* auch sein, dass Plan B viel spannender wird als Plan A! Damit wir uns nicht falsch verstehen: Es war sicher nicht gut, was da passiert war, und sicher auch keine leichte Zeit für die Familie. Aber wer sind wir schon, um einander zu verurteilen? Gott sagt: „Okay, hab ich kommen sehen, aber ich kann es wieder in Ordnung bringen, auch wenn es mal heftig wehtun wird!“ Ich sage damit keinesfalls: „Geh und mach, worauf du Lust hast, Gott vergibt und hilft sowieso.“

Dieses Mädchen war am Boden zerstört und fürchtete sich sehr vor der Reaktion ihrer Eltern! Und auch für ihre Mutter und ihren Vater war das ein Ausnahmezustand. In der Gemeinde, zu der sie gehörte, war es das erste Mal, dass so etwas vorkam. Das zerbrochene Mädchen war sich sicher, sie würde rausgeschmissen werden. An dieser Stelle möchte ich dir sagen: Menschen machen Fehler im Umgang mit solchen Situationen, weil sie damit überfordert sind. Es hat in dem Moment nicht einmal unbedingt etwas mit dir zu tun! Deswegen bitte ich dich – egal was du getan hast –, lauf nicht vor Gott weg, auch wenn Menschen oder die Kirche dich im

Moment enttäuschen! Geh erst einmal zu ihm und versichere dich seiner Liebe. Du wirst sehr schnell merken, dass Gott für und nicht gegen dich ist! Die Erinnerung daran, dass er dich trotz allem liebt und diesen Weg mit dir gehen wird, die wird er dir geben! Und Menschen, die Gott lieben, eine Gemeinde, die Gott liebt, die wird auch dich lieben! Manchmal brauchen auch sie etwas Zeit, um zu verstehen. Gib sie ihnen:

> „Wer aber nicht liebt, der weiß nichts von Gott; denn Gott ist Liebe. Gottes Liebe zu uns ist für alle sichtbar geworden, als er seinen einzigen Sohn in die Welt sandte, damit wir durch ihn leben können. Das Einzigartige an dieser Liebe ist: Nicht wir haben Gott geliebt, sondern er hat uns seine Liebe geschenkt. Er gab uns seinen Sohn, der alle Schuld auf sich nahm, um uns von unserer Schuld freizusprechen."
> *1. Johannes 4,8-10*

Während ich tippe, möchte ich singen und tanzen vor Freude! Denn damit ist doch schon alles gesagt. Vergebung *aller* Schuld! Doch Gott setzt immer gern noch einen obendrauf, weil er uns weibliche Zweifler kennt:

> „Meine Freunde, wenn uns Gott so sehr liebt, dann müssen auch wir einander lieben. Niemand hat Gott jemals gesehen. Doch wenn wir einander lieben, bleibt Gott in uns und seine Liebe erfüllt uns ganz! Ich sage es noch einmal: Dass wir mit Gott verbunden

bleiben und er mit uns, wissen wir, weil er uns seinen Geist gegeben hat. Wir haben es selbst erlebt, und darum bezeugen wir: Gott, der Vater, hat seinen Sohn in die Welt gesandt, um sie zu retten."

1. Johannes 4,11-14

Gott hat das getan, weil er wusste, dass wir Fehler machen würden! Und jetzt kommt dein Part, in dem du aktiv werden musst:

„Wer bekennt, dass Jesus der Sohn Gottes ist, der bleibt in Gott und Gott in ihm. Das haben wir erkannt, und wir vertrauen fest auf Gottes Liebe! Gott ist Liebe, und wer in dieser Liebe bleibt, der bleibt in Gott und Gott in ihm. Wenn Gottes Liebe uns ganz erfüllt, können wir dem Tag des Gerichts VOLLER ZUVERSICHT entgegengehen." (Du kannst dir seiner Vergebung also wirklich sicher sein! Auch wenn du von Plan A abgekommen und mittlerweile sogar bei Plan X angekommen bist!) „Denn wir leben in dieser Welt so, wie Christus es getan hat!" (Er kennt die Schwierigkeiten des Lebens! Er weiß, wie es ist, in deiner Haut zu stecken! Stell dir das mal vor!) „Wirkliche Liebe ist frei von Angst! Ja, wenn die Liebe uns ganz erfüllt, vertreibt sie sogar die Angst. Wer sich also fürchtet und vor der Strafe zittert, der kennt wirkliche Liebe noch nicht." *1. Johannes 4,15-18*

Präge dir einen Vers in diesem Zusammenhang ganz fest in dein Herz:

> „Wer nun mit Jesus Christus verbunden ist, wird von Gott nicht mehr verurteilt.“ *Römer 8,11*

Was ist in deinem Leben nicht nach Plan gelaufen? Wofür verurteilst du dich? Wofür wurdest du verurteilt? Wo hast du dir selbst noch nicht vergeben? Wo anderen noch nicht für ihre Reaktion? Nur Vergebung macht wirklich frei! Und ich weiß, wie schwer es ist. Besonders, wenn du nicht verstanden wirst und das dein Problem nur noch größer macht! Wir können nicht erwarten, dass andere Menschen immer angemessen auf unsere Bedürfnisse reagieren werden. Oftmals sind sie einfach überfordert. Manchmal auch einfach nur eifersüchtig. Ich bin es leid zu hören: „Die Kirche hat mich enttäuscht, deswegen gehe ich nicht mehr hin.“ Das bedeutet in meinen Ohren nur: „Ich hatte noch nie eine persönliche Beziehung zu Jesus und will das auch nicht. Wenn die Kirche mich nicht *bedienen* kann, bin ich raus.“ Deswegen ist es so wichtig, dass du in Gottes Arme läufst und seine Nähe suchst, wenn du enttäuscht wirst. Dass du ihm deine Schuld bekennst und dir die Zusicherung seiner Liebe abholst, die du in diesem Moment ja mehr als alles andere brauchst! Und du wirst sie immer wieder von ihm bekommen: „Ja, ich liebe dich immer noch! Alles wird wieder gut!“

„Ich habe euch schon immer geliebt, darum bin ich euch stets mit Güte begegnet. Ich baue dich wieder auf.“ *Jeremia 30,3-4*

„Du hast eine Zukunft! Du darfst neue Hoffnung schöpfen!“ *Jeremia 31,17*

Als ich endlich dachte, die Liebe meines Lebens gefunden zu haben, und weil dieser Mann sogar Verwandte in den USA hatte, öffneten sich auch für mich dort neue Türen. Ich flog hin und her zwischen Deutschland und L.A., um Songs für mein Album „Wildheart“ aufzunehmen und mit den besten Musikern zu arbeiten. Das war tatsächlich eine große Ehre! Mein Plan war es, dort Karriere zu machen! Natürlich ist es cool, in den USA Erfolg zu haben! Doch die Beziehung zerbrach, und was blieb, war die Frage: „Und wie geht es jetzt weiter?“ Ich wollte dem Ganzen noch eine Chance geben und den Traum „USA“ nicht gleich aufgeben. So flog ich mit meinem langjährigen Produzenten Daniel nach Nashville. Wir haben wirklich tolle Kontakte dort und so trafen wir verschiedenste einflussreiche Leute. Von Songwritern über Manager bis hin zu Promotern und dem Chef einer christlichen erfolgreichen Plattenfirma. Das war am letzten Tag. Ich war müde, weil das alles sehr anstrengend gewesen war. Zudem kostete jeder Schritt in den USA sehr viel Geld. Jeder „Helfer“ möchte bezahlt werden und der Markt ist sehr kompliziert. Gleichzeitig hatte ich das Gefühl, dass das, wofür mein Herz brennt, völlig untergeht.

Hier, bei diesem Label, wurden wir mit einem großen Strahlen empfangen. Die Tür ins Büro des Direktors ging auf und sofort bemerkte ich eine „andere" Atmosphäre. Wir kamen ins Gespräch, ich erzählte von meiner Arbeit und meinem Vorhaben in den USA. Er hörte mir zu und schwieg. Doch als ich fertig war, folgte ein Satz, der meinen Plan A komplett auflöste. Er sagte: „Déborah, wir können dir hier in den USA Türen öffnen und versuchen, dich auf den Markt zu bringen. Doch siehst du nicht, wie klar und deutlich du einen Auftrag in Europa hast?" Ich kann es dir bis heute nicht erklären, doch in diesem Moment war es richtig „eng" in diesem Raum geworden. Als hätte Gott zwischen uns Platz genommen, und mir blieb die Luft weg. Sowohl diesem großen, starken Mann vor mir als auch mir selbst schossen zeitgleich Tränen in die Augen. Wir sahen uns an, und ich dachte bei mir: „Was passiert hier gerade?" Es war, als hätte Gott seine Aussage einfach mal fett unterstrichen. Es bestand absolut kein Zweifel daran, dass dies der Wahrheit entsprach. Wir hatten gar keinen Grund und sahen auch keinen Sinn mehr darin, weiter über die USA-Pläne zu sprechen. Es fiel mir wie Schuppen von den Augen: „Du gehörst nach Hause! Dort stehen dir jetzt schon die Türen weit offen! Dort durftest du schon so vielen Menschen Hoffnung bringen. Dort bekommst du schon so viel Unterstützung!" Wir beteten zum Abschluss, was ich besonders schön fand. Dann drehte ich mich um zu meinem Produzenten Daniel und sagte: „Lass uns nach Hause gehen."

Wie viel *Wunder*volles seither passiert ist, dazu müsste ich gleich noch ein weiteres Buch schreiben! Ich weiß tausendprozentig, dass es die richtige Entscheidung war, auch wenn es nicht mein Plan A war. Doch es war Gottes Plan A. Und ich habe ihm vertraut, als ich wieder nach Hause flog und alles, was ich mir in den USA schon erarbeitet hatte, zurückließ. Und das muss ich auch heute immer wieder aufs Neue einüben: Vertrauen. Denn die Realität sieht ja nicht so aus, dass ich nach meiner Rückkehr nach Europa einen Millionen-Plattenvertrag unterschrieben habe und in eine Luxusvilla gezogen bin. Oh nein! Ab da hieß es: „Ärmel hochkrempeln und richtig anpacken. Arbeiten, auch wenn es keiner sieht. Arbeiten, auch wenn du selbstständig bist und es ja eigentlich niemand mitbekommen würde, wenn du ausschlafen und faul abhängen würdest. Weiterarbeiten, auch wenn du das Gefühl hast, dass der große Durchbruch noch weit entfernt ist! Weiterarbeiten, auch wenn dir im Moment die Leute fehlen, die dich unterstützen."

Ich weiß, dass mein Leben nach außen hin oftmals sehr glamourös, erfolgreich und spannend erscheint. Doch das sind die paar Stunden „on the road" oder „on stage". Die viele übrige Zeit, die keiner mitbekommt, die besteht aus sehr viel Arbeit und der Entscheidung, Gott *immer wieder* zu vertrauen, dass es weitergehen wird, dass die nötigen Finanzen reinkommen werden und dass ich auch morgen noch gebucht werde. Also praktisch die typischen Gedanken, die wir alle mal haben: „Wird es mir auch morgen noch (oder wieder) gut gehen?" Ich habe einen absolut kindlichen Glauben. Und mir ist bewusst, was für ein Geschenk das ist. Ich würde dir dieses Geschenk sehr gerne weitergeben! Denn es vereinfacht das Leben so sehr! Insbesondere in den Zeiten, in denen Plan A scheitert und man vertrauen muss, dass Plan B ziemlich gut ist! Ob ich

Gott immer verstehe? Nein. Aber das wäre ja auch komisch, wenn ich, kleiner Mensch, Gott verstehen würde! Aber ich vertraue. Nicht weil ich keine andere Wahl habe. Ich vertraue, weil ich vertrauen möchte. Punkt. **Gott ist Liebe. Meinst du, die Liebe würde etwas von dir verlangen, das schlecht für dich ist?** Niemals. Ich vertraue.

> „Das eine aber wissen wir: Wer Gott liebt, dem dient alles, was geschieht, zum Guten!“ *Römer 8,28*

In den USA hatte ich eine sehr erfolgreiche Frau kennengelernt. Ich war fast etwas eingeschüchtert vor ihrer Art. Sie wusste genau, was sie wollte, und holte sich das dann auch. Ihr Geschäft lief großartig, sie expandierte immer weiter. Ihre Kleidung war immer total schick, ihr Make-up perfekt! Neben ihr fühlte ich mich damals in meiner kaputten Beziehung völlig fehl am Platz. Knapp zwei Jahre später lag ich daheim auf meiner Couch und musste an sie denken. Ich hatte einfach nur den Gedanken, ihr etwas Ermutigendes auf Instagram zu schreiben. Sofort erhielt ich eine Antwort, womit ich niemals gerechnet hatte, denn sie hatte gerade eine erfolgreiche TV-Show am Start: „Kann ich dich anrufen?“ Kurz darauf hatte ich eine zerbrochene Frau am Hörer: „Déborah, als wir uns kennenlernten, da war ich die Starke und du die Schwache. Jetzt hat der Spieß sich umgedreht.“ Sie erzählte mir, wie sie komplett versagt hatte. Einige Dinge waren schiefgelaufen und nun sei sie in einer Beziehung mit einer Frau. Ich musste mir auf die Zunge beißen, denn man hatte mir damals erzählt, dass sie eigentlich verliebt in meinen Ex wäre. Somit wusste ich, dass sie nur auf der Flucht war. Doch als sie selbst sagte: „Déborah, ich weiß, dass es nicht richtig ist, was gerade bei mir läuft, aber ich brauche keine Verurteilung, ich brauche Liebe“, da hielt ich mich zurück, hörte ihr einfach nur zu und zeigte ihr, dass sie – unabhängig von ihren Umständen und dem, was sie getan hatte – geliebt wird und wertvoll ist!

Ich wiederhole nochmals den Vers aus 1. Johannes 4,8-10:

> „Wer aber nicht liebt, der weiß nichts von Gott; denn Gott ist Liebe. Gottes Liebe zu uns ist für alle sichtbar geworden, als er seinen einzigen Sohn in die Welt sandte, damit wir durch ihn leben können. Das Einzigartige an dieser Liebe ist: Nicht wir haben Gott geliebt, sondern er hat uns seine Liebe geschenkt. Er gab uns seinen Sohn, der alle Schuld auf sich nahm, um uns von unserer Schuld freizusprechen.“

Natürlich wollte ich ihr genau aufzeigen, wo sie Plan A für Plan B verlassen hatte, weil es für mich auf der Hand lag. Doch alles in mir schrie: „Halt die Klappe! Lieb sie einfach!“ Während wir sprachen, fand dieser innere Kampf bei mir statt. Ich wollte Gott fast widersprechen: „Aber, aber es ist doch offensichtlich …“! „Halt den Mund und bete“, war alles, was ich als Antwort bekam. Und genauso beendeten wir das Gespräch. Wir beteten zusammen. Ohne, dass ich was gesagt hätte, hörte ich sie sagen: „Jesus, bitte vergib mir …“ Es wurde ein sehr langes

Gebet. Ich legte auf und dachte immer noch: „Aber ich muss ihr doch noch sagen, was sie alles falsch gemacht hat …!“ Und wieder bremste Gott mich aus. Leise erinnerte er mich daran, wie viel ich schon falsch gemacht hatte und wie sehr ich in diesem Moment einfach nur geliebt werden wollte. Er zeigte mir, dass er diese Frau einfach nur lieben wollte, so wie sie ist. So betete ich einfach nochmals für sie. Nur wenige Tage später schrieb sie mir: „Déborah, ich habe mich bei den betroffenen Personen entschuldigt, habe meine Beziehung beendet, weil es nicht das Richtige für mich ist, und alles wieder in Ordnung gebracht! Und weißt du was? Im gleichen Moment erhielt ich einen Zuschuss, um weiter expandieren zu können.“ Ich musste schmunzeln. So ist Gott. Erst einmal liebt er uns, dann vergibt er uns unsere Schuld und beschenkt uns auch noch zusätzlich! Manchmal bringt uns Gott in seiner Gnade auch zurück auf die Route unseres Planes A. Inklusiver Geschenke. Wieso er das tut? Weil er uns liebt. Punkt.

„Gott aber kann viel mehr tun, als wir jemals von ihm erbitten oder uns auch nur vorstellen können.“

Epheser 3,20

13.
Sei es dir wert … dranzubleiben

Wie werde ich nun in der heutigen Zeit und den ganzen Versuchungen, die uns täglich begegnen, zu einer Frau, die einerseits Werte verkörpert, deshalb jedoch nicht langweilig wird und gleichzeitig ihren Alltag stemmt? Ich beginne mit einem Vers, der mir persönlich in diesem Bereich extrem geholfen hat. Ein Vers, der viel Übung braucht:

> **„Denke bei jedem Schritt an ihn; er zeigt dir den richtigen Weg und krönt dein Handeln mit Erfolg."** *Sprüche 3,6*

An Schokolade oder das nächste Paar Schuhe zu denken, das würde vielen von uns Ladies doch viel leichter fallen. Doch seien wir mal ganz ehrlich. **Immer an Gott denken? Bei jedem Schritt? Das muss definitiv antrainiert werden.** Und wie beim Training musst du es wirklich wollen. Ich bin grundsätzlich eine Person, die sehr diszipliniert ist, wenn es um Sport geht. Wieso? Weil ich gesehen habe, dass es sich lohnt. Ich weiß, dass ich mich einfach viel besser fühle, wenn ich mich an mein regelmäßiges Training halte. Und selbst wenn morgens mein Wecker klingelt und ich absolut keine Lust habe aufzustehen und meine Sportsachen anzuziehen, es draußen noch kalt und dunkel ist und mein Bett so schön warm und kuschlig, dann denke ich an das Gefühl danach! Und das verpasst mir den Tritt, den ich brauche, um ins Fitnessstudio zu fahren. Ich mache das meist gleich morgens, weil ich weiß, dass tagsüber immer so viel läuft und dass das zu meiner Ausrede werden würde, gar nichts zu tun. Ich bin noch nie aus dem Training gekommen und hab gedacht: „Wäre ich bloß nicht gegangen, das war jetzt doof!" Weißt du, was ich meine? Genauso ist es mit diesem Vers. Ich muss mich morgens, gleich nachdem der Wecker geklingelt hat, daran erinnern, bei jedem Schritt des heutigen Tages Gott mit einzubeziehen! Denn wenn ich es nicht tue oder auf später verschiebe, dann überrollt mich der Alltag und ich denke gar nicht mehr daran. Das Ergebnis: Ich bin gefrustet, weil ich versucht habe, alles selbst zu regeln und daran gescheitert bin. Wenn ich aber ganz bewusst von Anfang an Gott mit ins Boot nehme, ihn selbst bei Kleinigkeiten um Rat frage, dann falle ich abends ins Bett und denke: „Boah, das fühlt sich jetzt gut an." Denn ich habe meine Vertrauens-Muskeln weiter trainiert.

Das bedeutet nicht, dass du im Supermarkt stehst, das große Glas Nutella in der Hand hältst und betest: „Lieber Gott, lass diese Kalorien nicht auf meiner Hüfte landen. Danke. Amen." Es bedeutet auch nicht, dass Er jedes Mal mit einer mächtigen Stimme vom Himmel aus zu dir sprechen wird. Und es bedeutet auch nicht immer, dass dir gefallen wird, was du von Ihm hörst. Doch es wird immer das Beste für dich sein! Auch wenn du es noch nicht sehen kannst. Gott spricht manchmal ganz leise. Manchmal denkst du auch: „Mmh, ich glaube, er hört mir gar nicht zu. Ich spüre gar nichts." Geh du einfach treu weiter diesen Weg. Und vergiss nicht, dass Gott deine Gedanken steuern kann. Deine Schritte. Alles. Er spricht nicht immer laut. Manchmal weißt du einfach, wo du langgehen sollst, und tust es dann. Das war dann Gott. Ein kleines Gefühl, eine Vorahnung. Er hat so viele Möglichkeiten, zu dir zu sprechen. Manchmal komme ich aus dem Fitness-Training und spüre gar nichts. Dann denke ich auch nicht: „Ich war heute vielleicht gar nicht dort." Ich weiß, dass ich im Fitness-Studio war, und ich weiß auch, dass das Resultat noch irgendwann sichtbar werden wird. Warst du heute Morgen schon bei Gott? Spürst aber gerade vielleicht noch nichts? Mach weiter. Das Resultat wird auch hier sichtbar werden. Garantiert. Ich merke, dass dieser Vers mich so oft vor Fehlern bewahrt hat. *Wenn ich bei jedem Schritt an ihn denke, dann spüre ich, dass nicht alles, was ich tue, so gut ist.* Und wenn du dein Training wirklich durchziehst, dann stellt sich sehr bald ein Automatismus ein. Ich frage sogar bei Konzert-Anfragen erst einmal bei Gott nach, ob ich sie annehmen soll. Ganz ehrlich, aus finanzieller Sicht müsste ich jede Anfrage annehmen. Doch manchmal habe ich da so ein „Bauchgefühl" und weiß, dass Gott mir was sagen möchte. Manchmal habe ich die Anfrage dann trotzdem angenommen und immer, immer ist dann irgendwas nicht okay gewesen. Oder anders herum: Wenn ich auf diese innere Stimme gehört und den Auftritt abgelehnt habe, habe ich später häufig erfahren, dass ich absolut richtig lag.

Dieser Vers hilft dir auch bei den großen Entscheidungen: „Welcher Mann ist der Richtige für mich?" bis hin zu den kleinen: „Sollte ich mir jetzt wirklich noch eine Folge dieser Serie auf Netflix reinziehen?". Oder dem Moment abends auf der Couch, nachdem du eh schon lecker gegessen hast und zur Packung Chips und Schokolade greifen möchtest. Er wird dein Leben verändern und gesünder machen, wenn du es selbst für dich ausprobierst!

14.
Sei es dir wert ... voll und ganz zu vertrauen

Ich weiß nicht, wie ein normaler Tag für dich aussieht. Für Mütter sind die Zeiten fest vorgegeben. Wenn du angestellt bist, ebenso. Vielleicht arbeitest du auch Schicht. Das habe ich jahrelang gemacht. Teilweise musste ich morgens um drei aufstehen, um dann pünktlich am Check-in am Flughafen zu sitzen. Heute kann ich gar nicht mehr richtig planen, da jeder Tag komplett anders aussieht! Doch wenn ich mich nicht selbst dazu aufraffe, meinen Tag zu gestalten, dann tut es keiner und es sieht auch keiner. Ich könnte einfach den ganzen Tag auf der Couch liegen. *Niemand* würde das mitbekommen! Na ja, ich wäre innerhalb kürzester Zeit pleite. Das würde man dann doch merken. Gott sei Dank bin ich von Natur aus schon sehr energiegeladen und ich brenne wirklich für das, was ich tun darf! Deswegen liebe ich es vorwärtszugehen! Und ich habe ja auch die andere Seite kennengelernt, nämlich wie es ist, wenn man plötzlich alles verliert und nichts mehr hat. In meinem letzten Buch „Stärker denn je" habe ich darüber geschrieben. Ich wurde depressiv und hatte überhaupt keinen Antrieb mehr.

Ja, bis hin zu dem Punkt, an dem ich darüber nachdachte, allem ein Ende zu setzen. Deswegen ist es ganz wichtig, dass du jetzt weiterliest. Ich fliege regelmäßig nach Afrika, um dort unter den Ärmsten der Armen Zeit zu verbringen. Das liebe ich über alles! Doch nach der letzten Reise hat mich ein ziemlicher Virus erwischt, sodass ich am Tag der Rückkehr in die Heimat direkt im Krankenhaus gelandet bin. Wochenlang war ich nun im Bett, konnte keine Nahrung bei mir behalten und war absolut geschwächt. Zwei Wochen wären ja noch okay gewesen. Doch es wollte und wollte nicht besser werden. Ich hatte meinen Antrieb komplett verloren. Weihnachten stand vor der Tür und eine große Grippewelle brach aus. Mein Immunsystem war so geschwächt, dass ich mir die auch noch einfing. An Silvester stand ich noch nicht einmal auf, um an Mitternacht aus dem Fenster zu schauen. So fertig war ich. Das ist nicht die schönste Art, in ein neues Jahr zu starten! Zu Beginn war ich richtig frustriert. Es waren insgesamt fast zehn Wochen, die ich außer Gefecht war. Ich ärgerte mich, denn ich war vor dieser Reise so fit wie schon lange nicht mehr gewesen, hatte eisern mein Sporttraining durchgezogen, war voller Ideen und Tatendrang. Und jetzt war alles weg. Doch im Gegensatz zu der Zeit meiner Depression ging ich dieses Mal bewusst *einen Schritt zurück* und hinterfragte mich. Ich setzte das, was ich aus Sprüche 3,6 gelernt hatte, praktisch um: „*Denke bei jedem Schritt an ihn; er zeigt dir den richtigen Weg und krönt dein Handeln mit Erfolg.*“ So betete ich, ehrlich und authentisch: „Gott, es nervt mich gerade ziemlich. Es lief doch alles so glatt! Für Anfang Januar hatte ich geplant, im Studio zu stehen, um das neue Album aufzunehmen. Und jetzt? Verliere ich so viele Wochen. Was willst du mir damit sagen?“ Ja, ich hatte ganz bewusst keine Auftritte für diesen Monat geplant und wollte in der absoluten Ruhe in mein Album „versinken“. Hier sollten dir schon zwei Punkte auffallen und bewusst werden, die in diesem Buch Thema waren. Hast du es bemerkt? *Ich* hatte geplant. Wir kennen aus dem Römerbrief schon folgenden Vers:

> „Das eine aber wissen wir: Wer Gott liebt, dem dient alles, was geschieht, zum Guten!“ *Römer 8,28*

Wieso nicht auch hier darauf vertrauen, dass Gott genau weiß, was ich geplant hatte. Es war mein Plan. Doch sein Plan könnte ja vielleicht viel effektiver sein? Ich möchte noch einen Vers hinzufügen, der sehr bekannt ist, aber wieder so viel Vertrauen von uns abverlangt:

> „Der Mensch plant seinen Weg, aber der Herr lenkt seine Schritte!“ *Sprüche 16,9*

Du kannst planen und planen und planen. Und das ist gut und sogar wichtig! Ohne Fleiß kein Preis. Das ist jetzt zwar nicht sehr biblisch, doch absolut wahr. **Doch wenn Gott deinen Plan nicht aufgehen lässt und Dinge anders laufen, wie reagierst du?** Ich glaube, dass hier ein Schlüssel zu deinem persönlichen Erfolg als Frau verborgen liegt. Ja, wir sind meistens die Emotionaleren. Ja, wir neigen dazu, alles zu hinterfragen und verstehen zu wollen. Ein Mann würde jetzt vielleicht eher sagen: „Ich hatte das jetzt anders geplant, aber kein Stress." Und wir Frauen? Von mir kenne ich das so: Wir reden und reden, treffen uns auf einen Kaffee mit Freundinnen, heulen uns aus, fügen noch etwas Drama hinzu, und schlussendlich glauben wir selbst, dass wir in einer ganz schlimmen Situation sind, und verpassen einstweilen das, was Gott uns eigentlich dadurch geben wollte! Hinterfrage dich selbst mal. Denn ich habe schon tausendfach so reagiert und musste das erst einmal lernen. Nachdem ich gebetet hatte, öffnete ich die Bibel und las dann:

> „Er ist der Herr der Zeit und bestimmt, was wann geschieht." *Daniel 2,21*

Bei mir geht das Hand in Hand. Das Leben wirft mir eine Zitrone zu, und ich versuche, Limonade draus zu machen. Also auf Deutsch oder „auf Biblisch": Es läuft etwas anders, als ich es mir gewünscht hätte, ich bete ein simples Gebet und öffne meine Bibel. Ziemlich unkompliziert. Ziemlich günstig. Ziemlich „schnell erledigt". Das kann ich, weil ich so oft erlebt habe, dass Gott dann eingegriffen hat! Ich vertraue ihm. Erinnere dich: „Babyblick". Du kannst das auch. Vertrauen ist eine Entscheidung. Du hast also keine Ausrede. **Willst du Gott erleben, lass los und lass ihn machen!** Was ich dir schreibe, sind nicht Dinge, die vor hundert Jahren mal funktioniert haben, sondern jetzt gerade, auch in meinem Leben! Denn nur einen Tag, nachdem ich dieses Kapitel bearbeitet hatte, kam ich in genau so eine unerwartete Situation! Während ich glücklich beim Mittagessen, einer erholsamen Pause vom Schreiben, mit meinen lieben Freunden saß, bekam ich eine WhatsApp aus der Heimat: „Déborah, Post vom Finanzamt. Sollen wir den Brief öffnen?" Und ich erfuhr von einer Summe, die ich nachzahlen sollte, die mich umhaute! Zahlbar innerhalb einer Woche! Ja, das waren die Nachwehen meiner Beziehung, die mich eh schon fast zerstört hätte. Um es kurz zu fassen: Weil ich in dem Jahr, als ich mit meinem Ex zusammen war, kaum auf Tour gewesen war, hatte ich weder genügend Einnahmen durch Auftritte noch viele CDs verkauft. Dadurch war ich finanziell gesehen in eine kleine Katastrophe hineingerutscht. Hinzu kam, dass es für das Finanzamt bedeutete, dass ich nicht von meiner Arbeit leben konnte, und nun wollten sie mir meinen Status als Selbstständige nehmen. Damit wäre mir auch die Grundlage für meine Lebensberufung genommen worden, wenn ich nicht diese beachtliche Summe bezahlen würde. Woher nehmen, wenn nicht stehlen? Punkt 1: Ich war selbst überrascht zu sehen, dass ich ihm, meinem Ex, wirklich vergeben hatte. Denn sonst wären jetzt Gedanken von „Alles seine Schuld!" in mir hochgekommen. Natürlich habe ich schwer geschluckt, natürlich habe ich mir Gedanken gemacht. Doch wie könnte ich so ein Buch schreiben, wenn ich nicht leben würde, was ich schreibe? Ich saß noch immer am Mittagstisch mit verschiedenen Leuten. Ich hätte auch sagen können: „Hilfe, ich brauche dringend Geld!" Doch innerlich richtete ich meinen Hilferuf an Gott. Mit einem kleinen Stoßgebet: „Ich brauche dich."

„Ladet alle eure Sorgen bei Gott ab, denn er sorgt für euch.“ *1. Petrus 5,7*

Wenn du deine Sorgen bei Gott ablädst, dann verändert es deinen Fokus von der Sorge hin zu dem, der die Macht darüber hat!

Vor einiger Zeit, als ich schon an diesem Buch schrieb, kam meine Mutter zu Besuch. Manchmal organisieren wir bei mir „Putzpartys“. Wir sehen uns so selten, und dadurch, dass ich so viel auf Reisen bin, möchte ich meine wenige Zeit daheim nicht gerade mit Putzen verbringen. So haben wir den Spieß umgedreht und uns einen Spaß daraus gemacht. Wir putzen zusammen, rennen dabei singend durch meine Wohnung und sprechen im wahrsten Sinne des Wortes über Gott und die Welt. Ich fragte sie zu dem Kapitel, das ich gerade über das Vertrauen geschrieben hatte: „Fällt es dir schwer, Gott zu vertrauen?“ Ich muss dazu sagen, dass sie sich gerade in einer sehr herausfordernden Zeit befindet. Und ihre Antwort ähnelte der meinen sehr: „Es ist sehr leicht, Gott in den kleinen Dingen im Leben zu vertrauen. Wir haben ja schon so viel erlebt. Aber wenn man mittendrin steckt, dann sieht das schon noch mal anders aus. Dennoch vertraue ich. Es heißt nicht, dass ich glaube, dass es unbedingt ein Happy End geben wird. Aber selbst wenn nicht, dann vertraue ich, dass es einen Grund dafür gibt, den ich vielleicht heute noch nicht verstehe. Aber ich werde auch da vertrauen. Das ganz sicher.“ Auch wenn Plan B eintritt. Meine Mutter und ich sind uns einig gewesen, ohne uns abgesprochen zu haben.

Die Entscheidung einer Mutter, Gott zu vertrauen, kann und wird das Leben ihrer Kinder verändern!

Als ich eben darüber schrieb, wie wertvoll Vertrauen in Gott ist, wurde mir so bewusst, wie meine Eltern uns das als Kinder schon vorgelebt haben. Mir kamen Tränen der Dankbarkeit und ich tippte in unseren Familienchat: *„So, Zeit für ein paar Gefühle! Mama und Papa, ihr habt uns Kindern mehr mitgegeben, als ihr euch selbst vorstellen könnt! Keine Privatschule, kein fettes Bankkonto, keinen Jaguar zum 18. Geburtstag. Aber ihr habt uns von klein auf durch alle unsere spannenden und herausfordernden Geschichten hindurch immer wieder dazu ermutigt, Gott zu vertrauen, dass er eingreifen wird – egal in welcher Situation. Und das ist unbezahlbar, wenn man es als Erwachsener „normal" findet zu erwarten, dass Gott eingreifen wird, dass er Wunder tut, dass er heilt, dass ihm alles möglich ist. Weil wir es einfach so oft schon, von Kindesbeinen an, erlebt haben. Danke dafür!"*

Kurz nebenbei mal: Ich empfehle euch einen Familienchat. Nicht um die Zeiten fürs Mittagessen abzumachen, sondern um ganz bewusst *Positives* zu streuen! Ihr könnt euch gegenseitig ermutigen, Komplimente machen, lustige Zitate verschicken und euch gegenseitig an die Wahrheiten Gottes erinnern! Gerade wenn es schwierig wird! Ich habe ja kurz erwähnt, dass meine Mutter durch eine sehr schwere Zeit geht, während ich dieses Buch schreibe. Diese Zeit dauert schon über ein Jahr an und ein Ende ist noch nicht in Sicht. Doch seither schicken wir uns Bibelverse in diesem Chat hin und her, die bestätigen, dass Gott treu ist, dass er eingreifen wird, dass er uns niemals hängen lässt, dass er zu seiner Zeit handeln wird und dass wir es sehen und erleben werden, wie gut Gott zu uns ist (Psalm 27,13). Wir geben dem Unglauben keinen Raum. Wir lassen nicht zu, dass unser Vertrauen verloren geht, auch wenn noch nichts sichtbar ist. Einmal zweifelt der eine mehr. Ein anderes Mal ist er derjenige, der stark ist. Denn Zweifel werden immer einmal aufkommen. **Wichtig ist, dass du dir ein Umfeld aufbaust, das dich daran erinnert, wer du bist, wenn du es selbst nicht mehr siehst. Ein Umfeld, das dich daran erinnert, wer ER ist, wenn du den Glauben verlierst.** Vielleicht hast du das nicht in deiner Familie. Dann starte so einen Chat mit deinen Freundinnen. Seid füreinander da, betet füreinander.

Ich mach das auch mit Freundinnen. Wir schreiben uns gar nicht so oft, doch wir alle wissen: Wenn was kommt, dann müssen wir das ernst nehmen. Und hin und wieder kommen dann solche „SOS-Nachrichten“: „Ich kann nicht mehr, mir fällt es gerade so schwer zu glauben.“ Und dann beten wir los, verschicken Bibelverse, nehmen sie an die Hand, bis der Sturm vorübergezogen ist. Das gibt der betreffenden Freundin Sicherheit und sie hat einen weiteren Beweis dafür, dass Gott treu ist und es sich lohnt zu vertrauen! Das ist eine Form der Bestätigung, die wir immer wieder brauchen. Die Erinnerung daran, dass wir nicht alleine sind mit unserem Glauben und Vertrauen. Es bedarf unglaublich viel Disziplin, um sich an all diese verschiedenen Punkte zu erinnern. Besonders, wenn du ein quengelndes Kind an der Seite hast, das gerade seine

Cornflakes-Schale auf den Boden geworfen hat, während sich die anderen zwei streiten und dein Mann nach seinem Hemd fragt, das du vergessen hast zu waschen. *Willst du neue Zeiten erleben, braucht es neue Gewohnheiten!* Und die Wahl hast du immer. Egal, wo du dich im Leben gerade befindest.

15.
Sei es dir wert ... deine Begabung zu finden

Weil es mir wichtig ist, in Kirchen und Gemeinden weiterzugeben, was ich lernen durfte, coache ich auch Worship-Teams. So unterschiedlich sie auch sind: Was mir auffällt, ist, dass alle immer ein Ziel haben. Viele wollen so werden wie Hillsong, Bethel oder eine andere erfolgreiche Worship-Band. Ich habe noch nie gehört: „Wir würden gerne herausfinden, was der Weg für uns als Team ist." Geschweige denn: „Ich würde gerne herausfinden, was Gott für und durch mich persönlich tun möchte."

Warum ist das so? Ich denke, es hat verschiedene Gründe: Zum einen haben wir Angst. Denn es würde bedeuten, dass ich ja etwas an meiner Routine, an dem Gewohnten verändern muss. Es könnte bedeuten, dass ich anecke, weil ich anders bin. Doch wir merken nicht, dass es das ebenso braucht, um wie die Leute von Hillsong oder Bethel zu werden. Denn auch dort sind die Teams nicht zu dem geworden, was sie heute sind, indem sie alles beim Alten belassen haben. Natürlich kannst du einem Team beibringen zu klingen *wie* Hillsong. Doch es ist ziemlich frustrierend für das Team, wenn es dann so weit ist und sie erkennen müssen, dass es gar nicht so authentisch rüberkommt wie die „echte" Band. Weshalb? Sie haben doch alles dafür getan? Ganz einfach: **Wir sind nicht dazu bestimmt, eine Kopie zu sein.** In meinen Coachings führe ich die Teams deswegen in ihrem Tempo und nehme sie an die Hand, bis sie erkennen, wer sie als Team sind, was für eine „Stimme" sie haben und welchen Sound es unterstützend dazu braucht, um gehört zu werden. Und ich gehe noch weiter und frage die Teams: Kennt ihr die Kraft eurer Stimme? Ich meine damit nicht die Gesangsstimme. Ich meine damit das, was sie zu sagen haben und weitergeben wollen. Ich frage sie: Was ist die Message eures Lebens? Benutzt ihr eure „Stimme" für das, wozu sie euch gegeben wurde? Unterlegt ihr sie mit dem richtigen Sound – also dem richtigen Umfeld –, um getragen zu werden? Um dorthin zu kommen, müssen altgewohnte Traditionen und Routinen abgeschafft werden, wenn sie ausgedient haben. In einem Worship-Team heißt es für mich: Ich arbeite nicht sofort am Offensichtlichen. Es verirren sich ja immer ein paar ins Team, die gar nicht wirklich singen können. Das klingt jetzt vielleicht gemein, aber ich denke, dass du das auch schon mitbekommen hast. Was macht man dann? Geht man hin und sagt: „Du, sorry, raus!"? Nein! Ich werde diese Person auch nicht vor allen bloßstellen. Ich fange an, an Beziehungen zu arbeiten. Das heißt, statt zu proben, gehen wir einfach mal in die Pizzeria. Dort entstehen Gespräche, die weitaus tiefer gehen, als es der Raum einer Probe zulassen würde. Man lernt sich wirklich kennen. Man erfährt von den Hintergründen, weshalb jemand ist, wie er ist, und hat Zeit, über die Ziele, Träume und Visionen des Teams zu sprechen. Dann geht es zurück auf die Bühne und plötzlich merkt die Person, die nicht singen kann, vielleicht: „Huch, das ist ja gar nicht mein Platz. Ich diene weder dem Team noch Gott, denn es ist ja nicht meine Gabe.“ Das kann nur über Beziehung und Vertrauen passieren. Und jetzt beziehe das mal auf Gott und dich. Du hast deine Ziele, Träume und Visionen. Siehst zum Beispiel nur Hillsong oder Bethel für dich. Also nur links oder rechts. Vielleicht versuchst du seit Jahren, genau dorthin zu kommen. Doch du drehst dich im Kreis und bist frustriert. Es fühlt sich nicht richtig an, doch du kommst einfach nicht dahinter, woran das liegt. Jetzt lädst du Gott ein, mal einen Blick auf „deine Probe“ zu werfen. Er nimmt dich an die Hand. Ihr redet mal außerhalb des ganzen Trubels miteinander. Vielleicht geht ihr an einen ruhigen Ort, der mit deinem Leben erst einmal nichts zu tun hat. Dort sitzt du einfach nur da und hörst zu. Du erfährst, wie *er* dich sieht. Lässt *ihn* dir zeigen, wozu und weshalb er dir genau die Stimme gegeben hat, die du hast, und merkst, wie der Frust abfällt. Du durchschaust dein ständiges Abmühen, zu jemandem zu werden, zu dem du nie bestimmt warst zu sein. Du erkennst, dass Gott in seiner Größe doch nicht zweimal den gleichen Menschen erschaffen hätte. Weißt du, wie sehr ihn das gelangweilt hätte? Und während du einen *Schritt zurückgemacht* hast, um mit ihm mal einen Blick auf dein Leben zu werfen, erkennst du, dass es gut so ist, dass du deine eigene „Stimme“ hast. Es macht dir vielleicht Angst, weil es bedeutet, dass du ein paar Dinge in deinem Leben anpassen oder komplett verändern musst, damit sie „Platz bekommt", doch es erfüllt dich von innen heraus zu wissen, dass du etwas Eigenes hast und bist. Dieser „Klick-Moment" wird dein ganzes Leben verändern. Diesen Moment kannst du nur erleben, wenn du einen *Schritt zurückgehst*, um anschließend viele Schritte nach vorne zu machen.

Wir alle brauchen es, „befreit" zu werden. Befreit von dem Denken, dass wir jemand anders sein sollen. Befreit von dem Denken, dass es falsch oder minderwertig ist, so zu sein, wie wir tatsächlich sind. Befreit von dem Denken, dass wir alles vermasselt haben und an Plan A vorbeigelaufen sind. In Gottes Gegenwart, in dieser Zeit, die du dir für ihn nimmst, wird er dir zeigen, was deine „Stimme" ist und von welchen Gewohnheiten du dich lösen musst, um mit dieser laut werden und Veränderungen anstoßen zu können. Du kannst nicht erwarten, dass Dinge passieren, während du auf deiner Couch hockst und wartest. Als ich mit 21 Jahren als die „singende Flugbegleiterin" durch die Medien schoss, da hab ich richtig Vollgas gegeben! Zwar kannte ich diese neue Welt nicht. Ich hatte nie zuvor mit Medien zu tun gehabt und war nie zuvor auf einem roten Teppich gewesen. Jetzt war ich von heute auf morgen in aller Munde, und ich wusste, dass dies kein Zufall war. Ich wusste: *Jetzt hat Gott meine „Stimme" laut werden lassen, das ist mein Moment!* Und das, obwohl ich gerade in diesem Bereich so viele Verletzungen erlebt hatte! Mein Traum war es schon immer gewesen zu singen. Klar, mit meiner Familie konnte ich das ausleben. Im Gottesdienst sang ich auch im Chor mit. Doch als ich Gemeinden anbot, dort solistisch zu singen, bekam ich nur Absagen. Auf einer Konferenz durfte ich dann schlussendlich doch singen und wurde danach sehr beschimpft für meine Art, mich zu bewegen. Man kritisierte sogar, dass ich zu sehr lächeln würde! Meine Musik sei zu rockig und würde die Menschen von Gott wegführen! Ja, ich weiß, da kann man nur mit dem Kopf schütteln. Aber das ist mir als junges Mädchen alles passiert. Und ich bin mir sicher, du hast auch so deine Geschichten erlebt und Erfahrungen gemacht. Mein Glaube basiert aber nicht „auf der Kirche" und den Menschen, die diese leiten. Ich hole mir meine Identität und meine Anweisungen direkt aus der Bibel. Direkt von Gott:

> **„Lasst uns einander lieben, denn die Liebe kommt von Gott."** *1. Johannes 4,7*

Wenn dir so etwas zustößt, hast du die Wahl. Du kannst der Kirche komplett den Rücken kehren und sagen, dass du mit denen nie wieder was zu tun haben willst. Logisch. Menschlich. Wenn du aber diese persönliche Beziehung zu Jesus hast, dann wirst du versuchen zu verstehen, und du wirst vertrauen!

> **„Aber es gibt einen Gott im Himmel, der das Verborgene ans Licht bringt."** *Daniel 2,28*

Lege dir niemals selbst diesen Druck auf von wegen: „Aber ich muss ihnen doch meine Begabung zeigen, damit sie verstehen, dass ich hier etwas damit bewirken kann." Das ist nicht dein Job. Dein Job ist ganz einfach.

Punkt 1: Bete dafür (im Verborgenen).

Punkt 2: Sei fleißig (arbeite an deiner Gabe).

Punkt 3. Vertraue.

Mehr ist es gar nicht.

„Er ist der Herr der Zeit und bestimmt, was wann geschieht." *Daniel 2,21*

Erinnerst du dich? Auf dem Weg dorthin wird es öfter mal „wehtun", du wirst verletzt und enttäuscht werden. **Wichtig ist, dass du dir ein Umfeld aufbaust, das dich daran erinnert, wer du bist, wenn du es selbst nicht mehr siehst. Ein Umfeld, das dich daran erinnert, wer Gott ist, wenn du den Glauben verlierst.**

Hätte ich damals schon wissen können, dass ich eines Tages von der Musik leben würde? Niemals! Hätte ich erahnen können, dass mein Weg über Australien zurück in den Job der Flugbegleiterin gehen würde, bis mich dort Stefan Raab entdeckt? Niemals! So etwas kann man einfach nicht planen. In der Zwischenzeit, bis es so weit war, war ich sogar schwer essgestört. Ich war so krank, dass man nie gedacht hätte, dass ich je wieder fit genug sein würde, eine Bühne zu betreten. Plan A war also gescheitert. Aber nur menschlich gesehen. Denn Plan B war wieder einmal viel besser. Wer hätte gedacht, dass diese Zeit meines Lebens meine „Stimme" so sehr prägen würde, dass ich nicht nur einfach Musik machen würde, sondern genau diese schwere Zeit der Krankheit der Auslöser für viele Menschen werden würde, selbst wieder zu hoffen und sogar geheilt zu werden. Gott wusste von Anfang an, was er in mich hineingelegt hat. Er hat mir eine „Stimme“ gegeben. Ganz bewusst. Und er hat sich den Wecker gestellt, um diese „Stimme“ zum richtigen Zeitpunkt laut werden zu lassen. Bis dahin wurde ich einfach geschliffen wie ein roher Diamant. Und als die Zeit gekommen war, fing dieser so stark an zu glitzern, dass man nicht anders konnte, als hinzuschauen. Und man sah, dass in der Zwischenzeit viel mit diesem Edelstein passiert war Und genau das wurde zu dem, was ihn außergewöhnlich gemacht hat. Deine Geschichte macht dich zu einem einzigartigen Diamanten. Vertraue Gott, dass er dich zum richtigen Zeitpunkt ins Licht stellt, damit alle die Reflektion deines Glitzerns sehen! Und bis dahin *arbeite an dir, arbeite an deiner Gabe*. Es ist ebenso wichtig, dass du dich auf diesen großen Moment fleißig vorbereitest. Faulheit wird nie siegen. In keinem Bereich deines Lebens. **Wenn du Erfolg im Leben haben willst, wird es dich auch etwas kosten.** Als ich plötzlich als die „singende Flugbegleiterin“ bekannt wurde, musste ich den Moment nutzen. Ich wusste, meine Zeit war gekommen! Jetzt lag es an mir, weise damit umzugehen. Nicht so, wie man es von mir erwartete, sondern so, wie Gott es mir ins Herz geflüstert hatte. Ich kann euch sagen, ich hatte plötzlich so eine „von Gott geschenkte Energie“, die alle um mich herum nervös machte. Ich habe kaum noch Schlaf gebraucht, war ständig dabei, neue Ideen auszuhecken, hatte die Gesetzmäßigkeiten der Medien schnell durchschaut und wusste genau, was sie brauchen, um eine „spannende Story“ abdrucken zu können, und konnte diese dann auch liefern. Ohne mich zu verstellen oder zu verbiegen! Denn ich hatte lange genug auf diesen Moment gewartet und mich vorbereiten können! Selbst bei Plattenfirmen wurde mir gesagt: „Mensch, Déborah, schalt mal einen Gang runter, du tust viel zu viel.“ Doch ich wusste, das muss jetzt sein, und ich hatte auch die Energie dafür! Nachts saß ich vor meinem Computer und schrieb Plattenfirmen, Werbeagenturen, Produzenten usw. an. Ständig versuchte ich, Beziehungen zu knüpfen – wie eine Maschine. Ich war auf sämtlichen Events, um mein Netzwerk zu erweitern. Das klingt so toll, aber es ist schon richtig Stress, wenn du immer auf so einem roten Teppich zwischen Hamburg, Berlin, Wien und London unterwegs bist, selbst die Flüge und Hotels buchen musst, dann immer ein anderes Kleid organisieren musst und noch fit sein solltest an dem Anlass selbst. Viele Türen haben sich geöffnet. In vielen TV-Sendungen war ich zu sehen und auch hinter den Kulissen hat sich sehr viel Spannendes abgespielt. Doch ich hatte ein Ziel. Und ich wusste, Gott hatte gesagt: „Jetzt!“ Diese Zeit wollte ich voll auskosten, denn ich war vorbereitet, ich war fleißig gewesen und jetzt war ich bereit!

Zum Beispiel sprang ich kurzfristig für einen Prediger irgendwo hinter Berlin ein. Ich hatte keine Ahnung, worauf ich mich da eingelassen hatte. Zwei wildfremde Männer holten mich am Flughafen ab und während der knapp zwei Stunden Fahrt lief eine Kassette (!) mit einer recht strengen Predigt. Ich hatte mir für die Fahrt die Klatsch-Zeitschrift„InTouch“

gekauft und traute mich kaum, diese aus der Tasche zu ziehen. Doch plötzlich drückte mir einer dieser Herren sein Telefon in die Hand und sagte: „Gunter Gabriel will dich sprechen." (Für die Jüngeren unter uns: Das ist ein Sänger, der mittlerweile verstorben ist. Er war kurz vor seinem Tod auch noch im Dschungelcamp.) Wir kamen ins Gespräch und er meinte, ich solle ihm doch mal Songs von mir schicken. Das tat ich dann auch. Ein paar Wochen später wurde ich zum Geburtstag von Boris Becker nach Hamburg eingeladen. Und schon war ich, wieder mit einem neuen Kleid im Gepäck, im Flugzeug unterwegs nach Hamburg. Damals hatte ich meinen heutigen Lieblingsvers noch nicht vor Augen:

> „Denke bei jedem Schritt an ihn; er zeigt dir den richtigen Weg und krönt dein Handeln mit Erfolg."
> *Sprüche 3,6*

Erst im Flugzeug fragte ich mich: „*Wozu tust du das überhaupt? Um noch eine schöne Party zu erleben?*" Und ich merkte an diesem Punkt, dass ich müde geworden war von dem ständigen Hin-und-her-Fliegen. Ich war überall dabei, ging dabei aber oft leer aus. Wie häufig bekam ich statt eines Plattenvertrages ein unmoralisches Angebot! Ich war ja so oft alleine als Frau unterwegs, und viele dieser machtvollen Männer sahen in mir keine Sängerin, sondern nur einen schönen Körper. Für sie ein leicht gefundenes Fressen. Ich war es leid, diese Männer immer wieder abzuwehren.

Und an diesem Tag betete ich einfach: „Gott, jetzt bin ich

schon unterwegs, und zurück kann ich nicht mehr. Bitte zeige mir, ob es wirklich dein Wille ist, dass ich bei solchen Events unterwegs bin." Eine Stunde später stand ich in meinem roten Kleid in einem pompös eingerichteten, relativ kleinen Saal. Es waren maximal 70 geladene Gäste. Ich war etwas zu spät, alle saßen schon und ein Sänger sang auf der Bühne. Moment. Das war ja Gunter Gabriel! Nie zuvor hatte ich ihn live gesehen! Als er mich reinlaufen sah, unterbrach er den Song. Er zeigte über die Tische hinweg direkt auf mich und fragte vor allen: „Und du! Glaubst du, was du singst?" Totenstille im Raum. In dem Moment wusste ich: „Das hier ist mein Platz!" Wir führten später ein langes, sehr tiefes und gutes Gespräch. Doch leider wirkte der Alkohol bei ihm sehr bald. Ich hoffe, dass ich dennoch etwas in seinem Leben hinterlassen konnte. Wie gesagt, nur kurze Zeit später starb er. Und ich dachte mir: „Was, wenn ich die einzige Person in seinem Leben gewesen bin, die je mit ihm über Jesus gesprochen hat?"

Meine Frage an dich: *Nutzt du deine „Stimme"?* Ich wusste in dem Moment, das war meine Zeit. Gott wollte mich dort haben. Wieso dann noch schweigen? Check mal deine Lage: Ist das deine Zeit? Oder will Gott dich noch vorbereiten? So oder so: Was machst du daraus? **Lebe bewusst, sei im Moment so, dass du nicht an deiner Zeit vorbeilebst!**

16.
Sei es dir wert ... aktiv zu werden (Pray & Go)

Es gibt diese Powerfrauen unter uns, die genau wissen, was sie können, wer sie sind und wohin sie wollen. Aus den Reaktionen auf meine bisherigen Bücher weiß ich aber auch, dass viele meiner Leserinnen noch sehr unsicher sind und alleine bei dem Wort „Begabung" zusammenzucken, weil sie denken: „Ich habe ja gar keine." Damit muss jetzt Schluss sein! Denn jedes Mal, wenn du das denkst, zweifelst du an deinem Schöpfer. Oder meinst du etwa, er hätte dich planlos erschaffen? Niemals. So ist Gott nicht! Auch hier wirst du wieder aktiv werden müssen. Christsein hat niemals bedeutet, sich auf dem Wort Gottes auszuruhen. Was du allerdings sehr wohl tun darfst und wozu dich Gott selbst einlädt, ist, auf den Verheißungen Gottes „zu ruhen", dein Leben darauf zu bauen, sie zu deinem Lebensfundament zu machen. Ist das nicht wundervoll? Du darfst dich jederzeit auf Gott und seine Verheißungen stützen! Ja, sogar deine Ursache darin haben. Aber dich nicht darauf ausruhen. Das bedeutet: **Werde aktiv! „Pray&Go" nenne ich das. Bete und dann geh!** Stell dir vor, ich wüsste, dass ich eine Gabe im Schreiben habe, würde aber keine Bücher herausbringen. Es ist kein Engel am Himmel erschienen, um mir mitzuteilen: „Déborah, Gott möchte, dass du schreibst." Ganz im Gegenteil. Ich war eine völlig unsichere, junge Frau voller Komplexe, mit schlimmen Essstörungen und habe viele Jahre meines Lebens der Lüge geglaubt, dass ich nichts kann. Ich weiß noch, wie ich mit einer absoluten Gewissheit, die Abschlussprüfung der Berufsschule zu vermasseln, in diese Prüfung gegangen bin. Krank vor Angst. Völlig falsch. Mein Leben war so sehr geprägt von der Lüge: „Du kannst nichts, du bist nichts, du wirst nichts." Und das hat mir niemand anders eingeredet als nur ich selbst! Als wir dann unsere Noten erhielten, ich als Klassenbeste auf die Bühne gerufen wurde und das Lob schwarz auf weiß in den Händen hielt, da erst fing ich an, so langsam an mich zu glauben … Und weißt du was? Auch du hast die Bestätigung, dass *du* jemand bist und dir alles möglich ist, schwarz auf weiß in den Händen!

„Alles ist möglich, wenn du mir vertraust!" *Markus 9,23*

„Schon als ich im Verborgenen Gestalt annahm, unsichtbar noch, kunstvoll gebildet im Leib meiner Mutter, da war ich dir dennoch nicht verborgen. Als ich gerade erst entstand, hast du mich schon!"
Psalm 139,15

Die Zeit meiner Abschlussprüfung war auch die Zeit meiner Essstörung. Die Zeit, in der ich mich ans „Go" machen musste.

Gebetet wurde viel für mich, doch ich selbst musste eine Entscheidung treffen, tatsächlich auch „heil“ werden zu wollen. Zu diesem Zeitpunkt war mein Umfeld nicht das beste und ich wusste, dass ich dort nicht gesund werden würde. Gott legte mir aufs Herz, nach Australien zu Hillsong zu gehen. Und natürlich hatte ich Angst! Zu der Zeit gab es weder WhatsApp noch Skype. Und viel Verständnis erntete ich für meinen Wunsch, ans andere Ende der Welt ziehen zu wollen, auch nicht: „Dein Platz ist doch hier.“ Heute bin ich so froh, dass ich mich nicht davon habe abhalten lassen. Denn ja, mein Platz war vielleicht „hier“, aber erst als neuer, geheilter Mensch, der wusste, wer er ist. Ich war nur ein Jahr weg, doch es hat mich hundertprozentig verändert. Ein Jahr, in dem man mir zugesprochen hat, dass ich eine besondere Begabung habe! Und so war ich bereit, aus dem, was im Moment nach wenig aussah, etwas zu machen. „Ein bisschen Stimme und ein bisschen Schreiben.“

Gesungen hatte ich bisher ein wenig mit meiner Familie und geschrieben hatte ich viele Aufsätze, weil ich das so liebte. Und sonst? Ich hatte nur sieben traurige Jahre der Essstörung vorzuweisen. Mehr nicht. Klingt nicht nach viel. Glaub mir: **Dein weniges ist mehr als genug für ein wundervolles Leben, wenn du es in Gottes Hände legst! Denn Gott macht aus deinem wenigen einen roten Teppich für die nächsten Wunder!** Meine größten Leidensgeschichten hat er bisher immer in eine Plattform für meine nächsten Geschichten verwandelt! Wie bin ich also Autorin geworden? Ich habe angefangen zu schreiben. Wie bin ich Sängerin geworden? Ich habe angefangen zu singen, habe nach Produzenten gegoogelt, bin von A nach B gefahren und habe Kontakte geknüpft. Ich bin so oft in Berlin und Hamburg gewesen, wo die komischsten Manager und A&R's mir gesagt haben, dass ich null Talent habe und besser etwas Anständiges lernen soll. Ja, ich habe geweint. Ja, ich war frustriert. Aber nein, ich habe nicht mehr gezweifelt! Wenn du deine Gabe und Gottes Wunsch für dein Leben in Einklang bringst, dann kann kein Mensch mehr daran rütteln. Was ich damit sagen will, ist ganz einfach. Du hast eine Gabe. Die haben wir wirklich alle. Manche müssen länger danach suchen und andere geben der Lüge, unbegabt zu sein, zu viel Raum! So wie ich. Aber wir haben alle eine Gabe! Und wenn du mit dieser Gabe in der Hand die Bibel aufschlägst, dann wirst du sehr schnell spüren, dass Gott dich bestätigt. Mehr braucht es gar nicht. Ich bin heute überzeugt davon, dass wenn du deine Gabe entdeckt hast, Gott das wenige nimmt und dir dafür eine Plattform schenkt, die er für dich vorgesehen hat! Und diese ist immer *wunder*voll! Natürlich kann es sein, dass Gott dich durch eine Zeit gehen lässt, in der er absolut nicht spürbar ist. Das haben die krassesten Männer Gottes in der Bibel erlebt. Vergiss nicht, in solchen Zeiten steckt immer die Chance zu lernen, Gott treu zu bleiben und ihm zu vertrauen. Ich habe mehr und mehr den Eindruck, dass Gott ein sehr eifersüchtiger Gott ist. Wenn du so richtig verliebt bist, wie redest du über deinen Schatz, wenn er mal zwei Wochen verreist ist und keinen Empfang hat? Weiterhin mit Liebe und Vertrauen! Denn du weißt, er wird zurückkommen. So sollte es auch mit Gott sein! Kennst du die Geschichte im Johannesevangelium, Kapitel 20? Jesus ist auferstanden und erscheint seinen Jüngern. Thomas, ein Jünger, der bei diesem Ereignis nicht dabei war und Jesus also auch nicht gesehen hat, zweifelt daran. Da erscheint Jesus ein zweites Mal, man möchte fast meinen, aus Liebe zu Thomas, und sagt zu ihm:

> „Du glaubst, weil du mich gesehen hast. Wie glücklich können erst die sein, die mich nicht sehen und trotzdem glauben.“ *Johannes 20,29*

Lass uns doch diejenigen sein, die trotzdem glauben, auch wenn sie Jesus gerade nicht sehen und nicht spüren! Es verändert ein Leben komplett! Ich bin weder von Menschen noch Umständen abhängig. Bei meinem ersten Buch war es so, dass ich bereits am Schreiben war, als der Verlag angeklopft hat. Ich war bereit! Bist du mit deiner Gabe, mit „deinem wenigen“ bereit, oder zweifelst du noch und verpasst dadurch vielleicht den Moment, wenn deine Chance dann anklopft? Und selbst wenn du dir noch so sicher bist mit deiner Gabe, deinem Traum für dein Leben, kann dennoch alles erst einmal schiefgehen. So wie bei mir. Bist du dann immer noch bereit zu vertrauen?

Was ich in der Öffentlichkeit nie wirklich erzählt habe, ist, dass ich mit Ende zwanzig plötzlich sehr starke Stimmprobleme bekommen habe. Ich wurde immer öfter heiser. Es ging so weit, dass ich einmal bei einem Auftritt nach drei Liedern abbrechen musste, was für mich der schlimmste Moment überhaupt war! Schon beim ersten Song merkte ich, dass meine Stimme mich verließ. Es war ein schreckliches Gefühl! So ging ich zum Arzt, denn ein großes Konzert stand bevor. Ziemlich schonungslos verkündete dieser mir: „Sie haben Knoten auf den Stimmbändern und werden nie wieder singen können. Suchen Sie sich einen anderen Job." Am Boden zerstört verließ ich die Praxis und sagte die nächsten Konzerte schluchzend ab. Es tat weh. Ich hatte Angst. Doch ich behielt meinen festen „Babyblick" auf Gott. Wenn du in die Augen des Vaters schaust, dann erkennst du die Wahrheit. Und mit diesem Blick wusste ich, dass Gott mir einen Auftrag *mit meiner Stimme* gegeben hatte und ich jetzt nicht einfach aufgeben würde! Und nein, ich setzte mich nicht nur einfach hin und fing an zu beten, dass ein Wunder geschieht. Das tat ich auch. Aber ich wurde ebenso aktiv und suchte nach dem besten Logopäden und Arzt weit und breit. Pray&Go. Dieser befand sich in München und so fuhr ich fast ein Jahr lang wöchentlich (!) 500 Kilometer, um mir Hilfe zu holen! Für meine Stimme. Um für meinen Auftrag zu kämpfen!

Meine Frage an dich ist: Wie sehr kämpfst du um den Auftrag, den Gott dir auf dein Leben gelegt hat? Wie sehr bist du bereit, alles zu geben? Ganz ehrlich? Die Kommentare um mich herum klangen alle gleich: „Oh, Déborah, das ist ja eine Katastrophe. Was willst du jetzt machen?" Bis hin zu der Stimme in meinem Ohr, die mir einflüstern wollte, dass ich eben doch keinen Auftrag habe und mir das alles selbst ausgedacht habe! Oh ja, in solchen Momenten der Schwäche bekommt die Lüge plötzlich ganz viel Raum zum Toben! Wenn wir das zulassen! **Momente, in denen wir das Gefühl haben, alles zu verlieren, sind Chancen zu erleben, dass Gott wirklich hinter uns steht!**

Wenn du in der Bibel das Buch Richter liest, wirst du erkennen, dass es thematisch hauptsächlich darum geht, dass jeder tat, was er für richtig hielt (Richter 17,6). Und erst als Gott ihnen alle materiellen Ressourcen nahm, fingen sie an, zu ihm zu schreien. Vielleicht hast du das auch erlebt. Bei mir war es meine Stimme, mein Alles, das plötzlich weg war. Ich war so viel auf Tour gewesen, bin von Ort zu Ort gerannt, hab meine Pläne gemacht und in all dem Stress war immer weniger Platz für Gott geblieben. Wenn Gott solch eine Situation zulässt, dann will er, dass du eines lernst: „Er will deine Sicherheit sein! Deine Sicherheit ist nicht, was du selbst bieten kannst. Auch nicht die Gabe, die du besitzt. Er allein ist es." Sehr schnell fangen wir an, uns auf uns selbst, unser Geld, unseren Erfolg zu verlassen.

Muss denn immer erst alles wegbrechen, bevor wir Ihn an allem Teil haben lassen wollen? Dafür gibt es ein anschauliches Beispiel in der Bibel: Hiskia. Vielleicht hast du noch nie von ihm gehört. Er wurde mit nur 25 Jahren König und regierte 29 Jahre in Jerusalem! Es heißt über ihn durchgehend: „Hiskia tat, was dem Herrn gefiel!" (2. Chronik 29,2). Das ist wirklich beeindruckend! Mit 25 hätte das bei mir noch nicht überall so gestanden und auch heute fällt es mir schwer, immer das zu tun, was Gott gefällt! Jedenfalls segnete Gott ihn dafür mit großem Reichtum: „Hiskia war sehr reich und berühmt" (2. Chronik 32,27). Und weiter: „Gott ließ Hiskia tun, was er für richtig hielt. Er wollte prüfen, wie es in seinem Herzen aussah" (2. Chronik 32,21). Und das ist genau das, was mir mit diesem ganzen Buch am Herzen liegt! *Wenn Gott dich machen lassen würde, was du für richtig hältst, würde er da ein reines Herz vorfinden?* „Mit allem, was Hiskia getan hatte, zeigte er seine Treue zum Herrn" (2. Chronik 32,1). Alles in mir schreit: „Ich will auch, ich will auch", wenn ich das lese. Doch in der Realität sind wir oft sehr abgelenkt. Der Lärm der Welt. Der Stress. Die vielen Dinge, von denen wir meinen, sie wirklich zu brauchen, obwohl sie eigentlich nur eine Ablenkung sind.

> „Zerbrecht euch also nicht mehr den Kopf mit Fragen wie: ‚Werden wir genug zu essen haben? Und was werden wir trinken? Was sollen wir anziehen?' Mit solchen Dingen beschäftigen sich nur Menschen, die Gott nicht kennen. Euer Vater im Himmel weiß doch genau, dass ihr dies alles braucht. Sorgt euch vor allem um Gottes neue Welt, und lebt nach Gottes Willen! Dann wird er euch mit allem anderen versorgen. Deshalb sorgt euch nicht um morgen – der nächste Tag wird für sie selber sorgen!"
> *Matthäus 6,31-43*

Selbst dieser treue und tolle König Hiskia wurde schwer krank: „In dieser Zeit wurde Hiskia todkrank. Er betete zum Herrn, der Herr erhörte sein Gebet und bestätigte ihm dies durch ein Zeichen. Doch Hiskia wurde hochmütig und dankte dem Herrn nicht für seine Heilung. Da wurde der Herr zornig …" (2. Chronik 32,24-25). Wow, was für eine Wendung! Eine Wendung, aus der wir entnehmen können, wie wichtig es für Gott ist, unser „Danke" zu hören! Wann hast du Gott das letzte Mal gedankt? Wie oft bitten wir ihn doch um Dinge und wie selten danken wir ihm!

Zurück zu meiner Stimme. Gott wollte mir nicht meine Gabe wegnehmen. Er wollte mir etwas dazugeben! Die Gewissheit, dass er mir diese Gabe für einen bestimmten Zweck geschenkt hat und dass er sie gebrauchen würde! Er wollte einfach, dass ich mich wieder auf den „Babyblick" fokussiere. Mehr als auf das „Wie erreiche *ich* mehr Menschen? Wie komme *ich* mit meinen Songs ins Radio?" Ganz banal und unkompliziert zurück zu: „Okay Daddy, ich bin abhängig von dir! Was willst *du* eigentlich?" Und gleichzeitig fing ich an, meine Gabe zu schützen, um sie zu kämpfen und daran zu arbeiten! Selbst heute noch bin ich regelmäßig beim Logopäden und muss ständig, täglich, meine Stimme trainieren! Ja, es kostet einen Preis! Wenn du deine Gabe entdeckt hast, dann ist es essenziell wichtig, dass du etwas daraus machst! Bring sie vor Gott, stell sie ihm zur Verfügung. Entwickle sie weiter und lass sie nicht einfach brachliegen! Setze Gott an die erste Stelle und frage ihn: „Was willst *du* damit machen?", und dann arbeite daran! Warte nicht auf ein Wunder, sei fleißig und vertraue, dass Gott dich sieht und dafür belohnen wird! Weißt du, das bedeutet nicht, dass du nichts Spannendes erleben wirst, ganz im Gegenteil! Es bedeutet nur, dass du weißt, dass du nicht zu allem Ja sagen musst, dass deine Werte deinen Entscheidungen gesunde Grenzen setzen und du noch attraktiver bist, weil alle sehen, dass du anders (nicht langweiliger!) bist!

„Bei allem, was er tat [...] fragte er nach dem Willen des Herrn, seines Gottes, und diente ihm von ganzem Herzen. Darum schenkte der Herr ihm Erfolg.“ *2. Chronik 31,21*

Den größten Beweis dafür, dass Gott sich unser Vertrauen in ihn und nicht in unsere besonderen Fähigkeiten wünscht, den erhielt ich am Morgen vor meinem ersten Konzert in Frankreich. Viele Leute wurden erwartet und ich hatte mich schon lange auf diesen Moment gefreut und viel Arbeit in die Vorbereitungen gesteckt. Am Tag davor war ich in der Nähe, noch in Deutschland, in einer Schule eingeladen, weswegen ich mir ein Hotel an der Grenze gebucht hatte. Mir ging es schon da nicht so gut und an der Hotelbar bestellte ich mir sehr viel Ingwertee. Doch es half nichts. Ich erwachte früh mit Schüttelfrost und hatte absolut keine Stimme mehr! Weinend stellte ich mich unter die Dusche. Ich war so frustriert und so kraftlos! Ich schrie förmlich zu Gott! Und da hörte ich sie, so klar wie selten, die Stimme Gottes. Und ich konnte sein Schmunzeln in seinem Tonfall hören: „Ach, Déborah. *Wann habe ich das letzte Mal DEINE Stimme gebraucht, um zu den Menschen zu reden?*“ Bähm. Das saß. Und dieser Satz hat meinen Kopf nie mehr verlassen. Gott war „so nett“, mir eine Stimme zu geben. Doch was er wirklich von mir wollte und will, ist mein Herz und mein Vertrauen. Der Abend wurde ein voller Erfolg. Auch ohne eigene Kraft. Ich war abhängig von Seiner Kraft und Seiner Stimme. Und entschied mich zu vertrauen! Tatsächlich war meine Stimme vom ersten Song bis zum letzten vollkommen zurück und ich staunte und staunte!

17.
Sei es dir wert …
es dir wert zu sein!

Eine Geschichte meines Lebens habe ich bisher noch nie mit jemandem geteilt. Eine einzige Freundin und mein jüngster Bruder wussten darüber Bescheid. Und gerne hätte ich diesen Teil meines Lebens auch für immer für mich behalten und mich gar nicht erst öffentlich dazu geäußert. Doch ich wäre ja nicht ich, wenn ich schweigen würde. Ich habe dieses Thema bewusst in zwei Kapitel aufgeteilt. Dieses Kapitel ist die Grundlage für das, was du im nächsten Kapitel erfahren wirst.

In all den Jahren, in denen ich auf den verschiedensten Bühnen und in den Medien unterwegs gewesen bin, ist es tatsächlich noch nie dazu gekommen, dass ich auf dieses Thema angesprochen wurde. Erstaunlicherweise, muss man fast sagen. Bis auf einen Beitrag zum Thema „Sex vor der Ehe“, den RTL mit mir drehen wollte, den ich aber abgelehnt hatte. Das Thema ist so präsent wie nie und so wichtig, und dennoch scheint es komplett an Bedeutung verloren zu haben. Es erscheint mir fast so, als würde es auch in christlichen Kreisen immer leiser um das Thema werden, je lauter „die Welt" wird. Weil man Angst hat, etwas Falsches zu sagen. Oder weil viele aus der Idealvorstellung der Kirche fallen würden, wenn sie ihre Meinung dazu äußern würden. Vielleicht haben die Schweigenden auch Angst, ihr Ansehen oder ihren guten Ruf zu verlieren. Wir schweigen aus Angst. Und dieses Schweigen muss gebrochen werden. *Die Wahrheit muss ans Licht, wenn sie anderen helfen soll, ihre Befreiung zu erleben!* Es war bisher einfach noch nicht die Zeit gekommen. Erinnerst du dich, diesen Vers habe ich schon mehrfach benutzt:

> „Er ist der Herr der Zeit und bestimmt, was wann geschieht." *Daniel 2,21*

Und genau das ist in meinem Leben schlagartig so gekommen. Plötzlich, an einem Sommertag, wie kann es auch anders sein, in Südfrankreich, legte mir Gott dieses Thema aufs Herz. Ein erster Anstoß: „Déborah, es ist so weit!" Ein Anstupser, der so sanft war, dass ich ihn bewusst zu ignorieren versuchte. Gott versucht es bei mir immer zuerst ganz sanft. Er testet mein Vertrauen. Und da ist definitiv noch Luft nach oben. Denn bis jetzt muss er bei mir dann doch immer sehr laut werden, bis ich annehme, dass es von ihm kommt. Monatelang trug ich einfach nur ein Gefühl mit mir herum, dass ich jetzt mit diesem Thema ans Licht kommen sollte. Was habe ich mich gesträubt! Denn man kann eigentlich nur verlieren. Dieses Buch wird in die Hände von Menschen gelangen, die ihr Leben lang in die Kirche gegangen sind, ihren Wert kennen und damit vor vielem bewahrt worden sind. Für sie hat schon in jungen Jahren sehr vieles, was in der Bibel steht, Sinn ergeben. Vielleicht hast auch du jung geheiratet und eine tolle Familien groß gezogen. Oder du bist behütet aufgewachsen, doch komplett von der Bahn abgekommen. Egal aus welchem Grund wurdest du vielleicht frühzeitig ungewollt schwanger, hast dich von Gott distanziert, weil du der Lüge glaubtest, nicht gut genug zu sein, und läufst nun frustriert durch die Welt. Manche meiner Leserrinnen sind völlig anders aufgewachsen. Ihnen ist eben nicht von klein auf die ganze Wahrheit mitgegeben worden, weil auch ihre Eltern sie nicht kannten. Woher sollten sie also wissen, was ihnen guttut? Sie haben sich auf der Suche nach Liebe komplett verlaufen und wurden von einem Mann nach dem anderen abserviert. Vielleicht findest du dich da wieder. Viele glauben ja an Gott. Doch es ist ein so großer Unterschied, ob wir einfach nur glauben, dass es ihn gibt, oder ob wir ihn bei jedem Schritt, den wir gehen, mit einbeziehen.

Meine krasse Schule in diesem Bereich war die Zeit der Essstörung. Es machte für mich einfach keinen Sinn, Gott in diese Zeit meines Lebens „mit einzubeziehen". Punkt 1: Ich wusste, was ich tat, war nicht richtig. Punkt 2: Ich glaubte, dass Gott damit nichts zu tun haben möchte. Dabei sind genau das die Momente des Lebens, in die er involviert werden möchte. Weil er auch über solche Dinge besser Bescheid weiß als ich. Seither versuche ich, wie ich dir schon eher geschrieben habe, ihn an allem teilhaben zu lassen. Zum Beispiel durch ein simples Gebet. Sogar wenn ich auf Abwege gerate und, ja, sogar beim Thema Sex. Ich schreibe darüber, weil Gott es mir aufs

Herz gelegt hat. Der Gott der Liebe. Nicht der Gott der Verurteilung. Jetzt kommt kein Zeigefinger, keine Sorge, das wäre absolut nicht meine Art! Ich werde dir auch nicht sagen, was falsch oder richtig ist. Denn ich möchte dir mit diesem Buch zeigen, wie wichtig eine persönliche Beziehung zu Jesus und das Bibellesen ist, wie du dadurch weise werden kannst und wie du anfangen wirst, deinen Körper schützen *zu wollen*! Dadurch wirst du ganz klar die Grenzen selbst erkennen! Was dir guttut und was nicht! *Die Kirche mag in diesem Bereich sehr vieles falsch gemacht haben, die Welt aber auch! Wo die Kirche zu streng war, war die Welt zu liberal.* Wo ist die richtige Balance? Sie ist dort, wo dein Herz ist. Deswegen sollte Gott die Hauptbeziehung in deinem Leben sein. Gott will immer dein Bestes. Wenn jetzt ein wundervoller Mann in dein Leben kommt, dann macht sich Gott sehr schnell bemerkbar, wenn ihr im Begriff seid, etwas zu tun, was dir nicht guttut! Glaub mir! Wenn Gott deine Hauptbeziehung im Leben ist, dann können dich weder die Kirche noch irgendwelche Menschen langfristig enttäuschen. Gott ist die Liebe.

> „Gott ist Liebe, und wer in dieser Liebe bleibt, der bleibt in Gott und Gott in ihm.“ *1. Johannes 4,16*

Hier ist kein Satz dazwischen, der lautet: „… wer in dieser Liebe bleibt und alles richtig macht, der bleibt in Gott.“ Es heißt einfach nur, wenn du in dieser Liebe bleibst, dann bleibst du in Gott und Gott in dir. **Komm also mit allem zu ihm!** Lange habe ich also überlegt, ob die Zeit nun gekommen war.

Ich habe mich mit meinem jüngsten Bruder und engen Freunden darüber ausgetauscht. Selbst das fiel mir nicht leicht. Denn ich möchte diese Geschichte nicht einfach preisgeben, um die Nächste zu sein, die dazu etwas zu sagen hat. Jahrelang hatte ich geschwiegen. Die erste Zeit danach hatte ich schwer gelitten und zu kämpfen gehabt. Doch dann hatte ich jahrelang sogar selbst nicht mehr darüber nachgedacht. Bis Gott anfing, an meine Herzenstür zu klopfen und zu sagen: „Déborah, die Zeit ist gekommen …" Wenn du unter den Folgen von Vergangenem leidest, ist es sehr, sehr wichtig, dass du dir Hilfe holst! Denn jede Geschichte ist anders und jeder verarbeitet sie anders! Du bist nicht komisch oder schwach, wenn du dir Hilfe holst! Ich persönlich habe in meinem Leben schon sehr viel Leid ertragen müssen. Doch Gott hat mir in seiner großen Liebe immer wieder eine Leichtigkeit dazu geschenkt, all das zu ertragen und auch bald wieder loszulassen. Das hat nichts damit zu tun, dass ich einen besseren Draht zum Ihm hätte oder besonders fromm bin. Ich glaube mittlerweile ganz bewusst, dass Er mir einen Auftrag geschenkt hat, Dinge anzusprechen, die eher schwierig sind, doch Befreiung schenken, sobald sie ausgesprochen werden! Und das möchte ich nun tun.

Ich werde den Moment nie vergessen, als ich mit einer Magersüchtigen ins Kino gegangen bin und mir eine große Portion Popcorn bestellt habe. Sie griff zu, ohne dass ich sie darum gebeten hatte: „Déborah, wenn ich sehe, dass du das kannst, obwohl du so krank gewesen bist und heute so strahlst, dann will ich alles tun, um auch dahin zu kommen!" Das ist es. Den Mund zu öffnen und zu sagen: „Ich weiß, wie es sich anfühlt, auch ich habe es erlebt und heute bin ich frei", das hat so viel Macht! So setzte ich mich an meinen Computer und tippte los:

> „Der Herr ist auf meiner Seite, und ich brauche mich vor nichts und niemandem zu fürchten. Was kann mir ein Mensch schon antun?" *Psalm 118,6*

> „Es ist viel besser, bei dem Herrn Schutz zu suchen, als sich auf Menschen zu verlassen." *Psalm 118,8*

Ich tippte weiter und betete zeitgleich. Und dann geschah etwas Unglaubliches. Mein Smartphone piepste. Eine Nachricht von meiner Mutter. Sie schickte mir einen Bibelvers:

> „Die Worte eines gedankenlosen Schwätzers verletzen wie Messerstiche; was ein weiser Mensch sagt, heilt und belebt." *Sprüche 12,18*

Sofort schickte sie einen Auszug aus ihrem Andachtsbuch, den sie für mich unterstrichen hatte, hinterher: *„Ich bete auch für die, die schreiben, was andere lesen. Für die, die das Licht der Wahrheit respektieren. Auf dass ich heute ein Christ sei, nicht nur durch meine Worte, sondern auch durch meine Taten."* Und darunter schrieb sie: „Ich glaube, ich muss für dich beten, während du schreibst, was andere lesen werden." Sie wusste nicht einmal, dass ich gerade am Schreiben war! Sie hatte keine Ahnung von meinen Gedanken! Ich war in diesem Moment so bewegt, so berührt und so ergriffen, dass Gott direkt geantwortet hat! Auf diese Art und Weise! So schnell, so unkompliziert und so direkt! Und bis ins Detail! Denn in letzter Zeit predigte ich von den Bühnen herab sehr oft, dass wir uns in das Licht der Wahrheit stellen sollen. In Gottes Licht. Und in diesem Büchlein stand genau das! Ich wusste, ich muss mit der Wahrheit ans Licht gehen, die frei macht (Johannes 8,32). Damit etwas Lebensveränderndes bei dir geschehen kann, damit die Vergangenheit keine Macht mehr über deine Zukunft haben wird! **Wo die Wahrheit ans Licht kommt, verliert die Vergangenheit die Macht über deine Zukunft!** Das war unglaublich, was da geschehen war! Ich musste mich erst wieder fangen! Es war einfach verrückt zu spüren, wie direkt Gott antwortet, während ich in meiner Wohnung sitze und mir diese Fragen stelle.

Ich möchte dir mit meinem Erlebnis verdeutlichen, wie gefährlich es ist, mit dem Feuer zu spielen. Vorher habe ich die Geschichte mit Jean, dem Fitnessstudiobesitzer, erzählt. Hier war ich alt und weise genug zu erkennen, dass sich das Spiel mit dem Feuer nicht lohnt. Doch es gibt da noch eine andere Geschichte …

„Kann man etwas Feuer in der Manteltasche tragen, ohne den Mantel in Brand zu stecken?" *Sprüche 6,27*

Du nennst dich Christ. Du hast deine Werte. Du weißt, dass du mit deinen Reizen als Frau spielen kannst und damit erreichst, was du dir vorgenommen hast. Da ist die eine Frau, die sich selbst schön findet, selbstbewusst ist und es auch darauf anlegt, von Männern wahrgenommen zu werden Doch es gibt noch die andere. Die Frau, die sich vor Männern unsichtbar fühlt und sich danach sehnt, beachtet zu werden. Die unsichere Frau, die auf der Suche nach Bestätigung ist und förmlich danach lechzt, weil man es ihr nie gesagt hat, dass sie wertvoll ist. Weil sie missbraucht worden ist in ihrer Kindheit. Weil sie vielleicht nicht die optischen Vorzüge mit sich bringt, die sie sich wünschen würde. Lass mich dir sagen: Beides bin ich gewesen, beides habe ich erlebt! Beides ist sehr gefährlich, wenn man nicht richtig damit umgeht! Denn in beiden Fällen bewertest du dich nach den Maßstäben, die Menschen festgesetzt haben! Menschen, die jetzt gerade vielleicht erfolgreich und schön sind, doch in zwei Monaten depressiv und zerbrochen sein können. Menschen, die nichts mit göttlichen Werten zu tun haben, die gestern galten und auch heute und in alle Ewigkeit noch immer gelten:

> „Jesus Christus ist und bleibt derselbe, gestern, heute und für immer. Darum lasst euch nicht durch alle möglichen Lehren in die Irre führen. Es ist das Größte, wenn jemand seine ganze Hoffnung auf Gottes Gnade setzt und sich durch nichts davon abbringen lässt.“ *Hebräer 13,8-9*

Es sind viele „Lehren“ am Start, die uns in die Irre führen. Und es erscheint schon fast unmöglich, ihnen zu entkommen.

Denn sie sind nicht nur beim Fernsehen präsent und wenn wir Magazine durchblättern, nein! Sogar wenn wir mit unseren Freundinnen zusammensitzen und quatschen. Es ist einfach langweiliger, im Gespräch „clean“ zu bleiben, Werte zu vertreten und auch mal zu sagen: „Stopp, da mache ich nicht mit.“ Du folgst auf Instagram deinen großen Vorbildern, die rank und schlank von einem roten Teppich zum nächsten laufen, sich total gesund ernähren, den krassesten Body haben, und dir fällt auf, dass nur deine gut aussehende Freundin die Blicke der Männer zugeworfen bekommt. In dem Moment beginnst du zu denken, dass dieser Lifestyle der richtige ist: „Wenn ich auch so begehrt werde, dann habe ich es geschafft.“ Deine Gedanken fahren sich darin fest, weil es so offensichtlich ist. Umso stärker sollte Gottes Wahrheit über dich in deinem Herzen verankert sein, damit du in diesem Moment nicht der Lüge glaubst, nicht genug zu sein. Und es sollte dir wichtiger sein, was Gott über dich sagt! Ich weiß, ich weiß, das klingt wieder so super fromm, besonders wenn du dir das in einem Moment vorstellst, während du in einer Bar sitzt und endlich mal angebaggert wirst. Dann willst du einfach nur ein „Wow, siehst du gut aus!“ hören und hängst an den Lippen dieses Typen, der das sagt. Gottes Wahrheit über dich ist in solch einem Moment nicht so ganz präsent und aktuell. *Deswegen ist es eine Entscheidung, die du ein für alle Mal für dein ganzes Leben treffen musst!* Alles andere wäre naiv und einfach nur unmöglich durchzuziehen, wenn du halbe-halbe machst. Also ein bisschen an Gott glaubst, aber auch ein bisschen die Bestätigung von außen suchst. Denn das führt immer nur dazu, dass du dich verbrennst! Wenn du nur Christ bist, solange du mit deinen christlichen Freunden unterwegs bist, wirst du nicht schnell genug rennen, um dich nicht zu verbrennen!

Aber halt, ich sage damit nicht, dass es falsch ist, als Single-Frau an der Bar zu sitzen und dir Komplimente gefallen zu lassen! Gar nicht! Ich liebe das ja genauso! *Du musst in dem Moment einfach sicher wissen, wer du bist und wem du gehörst!* Vielleicht entpuppt sich dieser Mann ja auch als dein Traummann. Ich sage einfach: Bleib weise! Und bitte: Hab Spaß! Feier dein Leben! Genieße Komplimente! Sei ganz Frau! Leider habe ich zu oft erlebt, dass ich mir was auf ein Kompliment eingebildet habe und nachher wieder in einer blöden Situation war.

Ein Beispiel: Ich war ganz zu Beginn, als ich gerade bekannt geworden war, von einem bekannten Schauspieler aus meiner Gegend zu einem Red Carpet Event in Hamburg eingeladen worden. Das alleine fand ich schon spannend, denn alle meine Freundinnen kannten ihn! Aber so etwas geschieht nie ohne Hintergedanken! Nicht in dieser Szene bei Männern, die denken, dass sie jede haben könnten. Doch damals wusste ich das noch nicht und war eher stolz darauf, dass er mich eingeladen hatte. Unsicher, wie ich aber noch über meinen eigenen Wert war, fühlte ich mich geehrt und wollte natürlich mit! Vor Ort waren verschiedenste Prominente, unter anderem auch ein sehr gut aussehender Sänger, der sich gerade von seiner blonden Freundin getrennt hatte. Wir standen gerade nebeneinander, als die Presse angerannt kam. Das war natürlich ein gefundenes Fressen für die Medienleute, was ich in diesem Moment aber noch nicht realisiert hatte. Dieser gut aussehende Sänger hatte mir Komplimente gemacht und ich konnte es nicht fassen, dass ein „Promi“ mich toll fand! Wenn dir ein Typ Komplimente macht, dann bedeutet das nicht, dass er dich gleich heiraten will. Insbesondere nicht, wenn es auf solch einem Event stattfindet! Wir waren gerade dabei, uns tatsächlich über Gott und die Welt zu unterhalten, als er meine Hand nahm und sagte: „Wir müssen hier weg, weg von den Paparazzi!“ Wir sprangen in den Aufzug und ich war total happy, dass dieser Sänger mich kennenlernen wollte.

Stopp. Wie naiv! Einen Schritt zurück und Hirn einschalten. Er kennt dich nicht und fährt mit dir in die Zimmer-Etagen. Mädchen, glaubst du wirklich, dich will an solch einem Abend jemand *kennenlernen*? Meine Gehirnzellen haben das in dem Moment nicht gecheckt. Auf der dritten Etage angekommen, zog er mich einfach mit sich mit und schon standen wir in seinem Zimmer. Im nächsten Moment hatte er auch schon seine Hose ausgezogen! Perplex stand ich da. Vor drei Minuten hatten wir uns noch nett unterhalten, jetzt standen wir in seinem Zimmer, er fast nackt, und ich verstand die Welt nicht mehr. „Ich dachte, wir wollen reden …“, das hörte ich mich noch sagen, bevor ich mich umdrehte, das Zimmer verließ und die Türe von außen zuzog. Glaub mir, er hat mich seitdem nie wieder normal angesehen. Was für eine Demütigung für ihn. So eine billige Masche! Und doch scheinbar so normal für ihn! Er hatte die besten Karten und das wusste er: berühmt, erfolgreich, gut aussehend. Das machte mich traurig, denn es bedeutete, dass viele Frauen vor mir bei diesem Spiel mit dem Feuer mitgemacht hatten. Jede Frau ein weiterer Name auf seiner langen Liste … Heute sehen wir uns immer noch bei solchen Events. Und jedes Mal, wenn ich ihm in die Augen blicke, sehe ich Respekt. Ja, Respekt mir gegenüber. Denn ich bin die Frau, die sich nicht einfach so hingegeben hat. Um mich muss man kämpfen. Und das macht schön! Das macht attraktiv. Doch in diesem Moment war ich erst einmal traurig und schockiert zugleich, als ich zurück ins Erdgeschoss fuhr. Dort war die Party in vollem Gange. „Erst einmal ans Buffet", das ist immer die beste Idee, wenn etwas schiefläuft.

Es waren unzählige Kostbarkeiten aufgetischt worden, und während ich beherzt zugriff, tauchte der Schauspieler auf, der mich eingeladen hatte: „Ich liebe es, wenn Frauen nicht nur Salat essen. Frauen müssen Rundungen haben!" Für wen wäre das nicht Musik in den Ohren? Jede Frau, die nur darauf aus ist, Bestätigung von außen zu bekommen, wird in solch einem Moment schwach. Wenn du von innen heraus 100 Prozent überzeugt bist, dass du wertvoll bist, dann checkst du die Lage in so einer Situation erst einmal ab, machst innerlich *einen Schritt zurück* und analysierst, was hier eigentlich gerade passiert: „Wer ist das? Was will der? Auf was ist er aus?" **Ich ermutige dich, immer bewusst einen Schritt zurückzugehen und dich an deinen Wert zu erinnern, bevor du einen Schritt in die falsche Richtung gehst!** Und während ich mich noch über sein Kompliment freute, folgte der nächste Satz: „Baby, ich hab ein Zimmer hier im Haus. Wie wär's mit einer schnellen Nummer?" Das sind jetzt nicht unbedingt die Anmachen, die man aus den christlichen Kreisen kennt. Aber sie sind real. Und an diesem Abend hatte ich genug von dem! Ich ging in mein Zimmer, da ich ebenfalls eines dort gebucht hatte. Die niedrigste Kategorie, und bis heute glaube ich, dass das nicht einmal ein offizielles Zimmer war, so klein und ungemütlich, wie es war! Und genauso fühlte ich mich auch innerlich: klein und ungemütlich. Ich wollte nur noch nach Hause. Am nächsten Tag ging es dann endlich zum Flughafen. Dort war ein sehr junger, aber hübscher Kerl, der mich sofort anbaggerte. Ich konnte es nicht fassen! Was war hier los? „Fliegst du auch mit der Maschine? Dann können wir heute Abend ja noch was unternehmen!" Was war ich froh, als sein Handy plötzlich klingelte: „Ja, Papa? Ja, sie ist auf der gleichen Maschine. Ich mach sie dir klar für heute Abend!", und grinste verschmitzt in meine Richtung. Es war tatsächlich der Sohn dieses Schauspielers! Ich kam mir vor wie ein Stück frei laufendes Wild. Mir war einfach nur noch schlecht. So, und das, genau das ist die Realität da draußen.

Leider nicht nur „da draußen". Als ich vor ein paar Jahren in den USA war, traf ich auf einen sehr bekannten christlichen Künstler. Mein Song „Beautiful Wonderful Powerful" durfte schon so vielen jungen Frauen helfen, dass ich dachte, es wäre doch eine gute Idee, mit ihm einen Remix daraus zu machen. Ich schickte ihm eine WhatsApp mit dieser Idee und er rief sofort an, obwohl ich geschrieben hatte, ich würde gern mit ihm telefonieren, wenn mein Produzent dabei ist. Er erzählte mir, dass er kurz vor einem großen Event mit mehreren Tausend Menschen stehe, dass er aber im Moment noch in seinem Hotelbett liege. Ich möchte seine nächsten Worte gar nicht in meinem Buch wiedergeben, so widerlich und unerwartet kamen sie. Ich fühlte mich verbal missbraucht und schmutzig, obwohl ich mich auf einem anderen Kontinent befand. Sein Deal war: „Sex gegen Song", und dafür wollte er sogar nach Deutschland fliegen. Und das bei einem Lied, das den Wert der Frauen bestätigt! Ja, in Zusammenarbeit mit ihm hätte dieser Song ein großer Hit werden können, weltweit. Aber es wäre ein schrecklicher Preis von mir zu zahlen gewesen, der diesem Song definitiv seinen Segen genommen hätte! Habe ich eigentlich erwähnt, dass er verheiratet ist? Ich habe das mehrere Wochen mit mir herumgetragen, bis ich Gott sei Dank auf Freunde von ihm gestoßen bin und ihnen davon erzählt habe. Es war ein Pastorenehepaar, das sich dann um diese Angelegenheit gekümmert hat. Mir war das sehr wichtig. Doch ich persönlich wollte nichts mehr damit zu tun haben. Siehst du, wie gefährlich es ist, nicht zu wissen, wie wertvoll du bist? Wenn du deinen Wert nicht zu 100 Prozent erkannt hast, ist die Gefahr groß, dass du fällst und dich mächtig verbrennst. Du wirst vermutlich gar keine Chance haben! Deswegen eine konkrete Frage an dich: **Wie viel Zeit verwendest du damit, dich daran zu erinnern, wie wertvoll du bist?** Ich meine das ernst! Wir putzen jeden Tag die Zähne, schminken uns vielleicht und ziehen uns schön an. Doch wie oft ERINNERN wir uns tagsüber daran, wie wertvoll wir sind? Wie oft blickst du bewusst in den Spiegel, ohne zu meckern, sondern mit einem liebevollen Blick! Wir blicken hinein und denken: „Oh, mein Gesicht ist heute so rund!" Wir ziehen unsere Lieblingsjeans an und bemerken „Mist, wieso ist die plötzlich so eng?" Doofer Tag!

Schon einmal überlegt, dass genau das die Masche des Teufels ist, um dich so klein zu bekommen, damit du in dem Moment, in dem solche Typen dich anbaggern, zu Fall kommst? **Stell dich selbstbewusst vor den Spiegel, sieh deine Schönheit und zweifle nicht an dem Wunder, das Gott vollbracht hat!** Erst heute bin ich aufgewacht und dachte: „Na, du siehst ja ganz schön fertig aus!“ Sofort machte es Klick in meinem Kopf, da ich mir das antrainiert habe. Ich fing an zu lächeln und musste dann erst recht loslachen. Denn so ein kleines, wenn auch im ersten Moment erzwungenes Lächeln verändert sofort die Laune! Versuche es einfach! Und sowieso, wieso denken wir, wenn wir uns sehen, so oft: „Anders ist nicht gut genug!“? Sei doch mal gerne anders! Sei außergewöhnlich! Sei du selbst! Denn anders ist einzigartig! Anders ist gewollt. Anders ist perfekt! Und ich hoffe, du bist anders!

Und eine kleine Randbemerkung zu diesem Event in Hamburg. Das ist schon einige Jahre her, als ich noch frisch in diesem Business war und Gott vorher nicht fragte: „Soll ich da überhaupt hin?“ Ich wusste eigentlich, dass es SINNlos sein würde, doch ich wollte meinen Kopf durchsetzen. Und sieh mal, was passiert ist …

18.
Sei es dir wert ... deinen Körper zu schützen

Ich möchte jetzt noch einen Schritt weitergehen: Beschütze deinen Körper! Er ist deiner! Ganz alleine! Niemand hat ein Anrecht darauf! Auch hier gilt grundsätzlich: Bezieh Gott mit in dieses Thema ein!

> **„Prüft in allem, was ihr tut, ob es Gott gefällt.**
> *Epheser 510*

> **„Wir selbst sind der Tempel des lebendigen Gottes!“**
> *2. Korinther 6,16*

> **Darum wollen wir uns auch von allem trennen, was unseren Körper oder unseren Geist verunreinigt.“**
> *2. Korinther 7,1*

Was aber, wenn in deinem Leben bisher alles schiefgelaufen ist? Verschuldet oder unverschuldet, das spielt gar keine Rolle. Ich möchte dir Hoffnung schenken! Ich möchte dir zeigen, dass du eine gute Zukunft haben kannst! *Wir haben zwar nur ein Leben hier auf der Erde, aber es ist möglich, neu durchzustarten!* Wahrscheinlich hättest du nicht gedacht, dass ich dir das aus eigener Erfahrung sagen kann, was sexueller Missbrauch mit einem Menschen anstellen kann. Wie viele Träume er zerstören kann. Wie er Menschen ein Leben lang gefangen hält und lähmt. Ich möchte noch mal betonen, dass ich nur darüber schreiben kann, weil es bei mir 15 Jahre zurückliegt und ich es komplett verarbeiten durfte!

Mir war nicht bewusst gewesen, wie wichtig es sein würde, dass ich darüber spreche, bis ich in eine Situation kam, in der es nur noch einen Ausweg gab: „Déborah, jetzt musst du sagen, dass du weißt, wie es ist!" Zu meinem Videoclip „Ein Gebet" haben mehrere wundervolle Mädchen ihre eigenen Geschichten gefilmt, um zu zeigen, wie viel das Gebet in ihrem Leben bewirkt hat! Diese Videos habe ich dann in mein Musikvideo mit eingebaut. Eines der Mädchen, das Missbrauch erlebt hat, schrieb mir, nachdem sie mir ihr Video geschickt hatte, dass sie den Teil, in dem sie über den Missbrauch spricht, doch nicht veröffentlicht haben möchte. Das verstand ich total, denn es kostet sehr viel Mut, mit seiner Geschichte an die Öffentlichkeit zu gehen! Doch irgendwie ging ihre Nachricht bei mir in der Hektik völlig unter, der Clip wurde veröffentlicht und für sie war das natürlich ein großer Schock! Ich konnte es nicht mehr rückgängig machen, dabei wollte ich ihr unbedingt helfen! So kommunizierte ich mit ihr und fragte nach dem „Warum?". „Warum" ist immer eine gute Frage. Grundsätzlich. Bevor ich in verschiedensten Situationen Menschen verurteile, die ich nicht verstehe, frage ich gern nach dem „Warum bist du so?", und oft kommen da ganz spannende Geschichten zum Vorschein.

Wie bei diesem Mädchen: *„Ich fühle mich einfach so schuldig und falsch und als Lügner. Ich weiß nicht, ob das verständlich ist … vielleicht war es ja doch nicht so schlimm … und genau das löst gerade in mir so eine Verzweiflung aus!"* Jetzt hatte ich keine Wahl mehr. Bei diesen Worten war meine Vergangenheit plötzlich wieder ganz präsent. Ich begriff, dass die Zeit gekommen war zu reden. Denn hier würde es nur helfen, wenn ich die Wahrheit sage. Die Wahrheit, die frei macht. Und wie bei dem magersüchtigen Mädchen beim Popcorn-Essen im Kino musste ich hier ebenso bereit sein zu sagen: „Ich weiß, wie es ist. Auch ich habe es erlebt. Doch es gibt die Möglichkeit, völlig heil zu werden. Ja, sogar zu vergessen!" Und nun möchte ich dich mitnehmen in meine Vergangenheit, damit du verstehst, wovon ich spreche:

Durch den Einfluss meiner lieben Oma, die fast täglich bei uns war, sind wir extrem konservativ und streng erzogen worden. Wohl zu sehr. Ich liebte meine Oma und genoss jede Sekunde mit ihr. Sie war ein so herzensguter Mensch, der nur für andere lebte, obwohl sie selbst kaum etwas besaß. Ihr Mann, mein Opa, war Kettenraucher und ist sehr jung daran gestorben. Ihr Sohn, mein Vater, eine misslungene Abtreibung. Mein Opa wollte ihn nicht, denn ein Kind war zu dieser Zeit einfach nicht finanzierbar. Doch meine Oma betete. Was für eine Frau des Gebetes sie war! Und das Kind überlebte! Gott wollte, dass der Junge, der mein Vater wurde, lebt! Gott hatte einen Plan! Wäre er nicht gewesen, gäbe es mich auch nicht. Meine Oma hatte also selbst auch ihre eigene, schwierige Geschichte. Nicht zu vergessen: Sie hatte den Krieg erlebt. Doch das hat sie niemals bitter gemacht. Es hat sie nur umso mehr davon überzeugt, dass es wichtig ist, seinen Auftrag auf Erden zu kennen, Menschen zu lieben und Gott zu dienen. *Pray&Go*. So war ich ihr auch nie böse wegen der Strenge, mit der sie uns erzogen hat. Zum Beispiel durfte ich sonntags keine Hosen tragen. Jeanshosen waren sowieso verpönt. Auch war der Punkt „Sex vor der Ehe" kein Thema, weil es klar war, dass das ein absolutes „No-Go" ist. Man sprach nicht darüber, es war einfach klar. Aber ich wusste gar nicht, wieso eigentlich. Ich dachte, dass man dann in die Hölle kommt, wenn man vor der Ehe Sex hat. Klingt krass, gerade heutzutage, ich weiß. Doch so war das nun mal vor gar nicht so langer Zeit. Klar wurde die Sache mit dem Sex nicht richtig vermittelt und kommuniziert, doch ich wurde dadurch so, so sehr beschützt! Eigentlich geht es nämlich um etwas völlig anderes! Nur war das meiner Oma wahrscheinlich selbst noch nicht so bewusst. Wir sind ja hier unter Frauen. Solche Männer wie der Sänger, den ich im Hotel traf, verbinden keine Emotionen mit Sex. Ich sag es dir, wie es ist: Ob du es bist in dem Moment oder eine andere, das spielt absolut keine Rolle! Denn am nächsten Tag bist du eh schon vergessen! Bzw. dann hofft er, dass du klanglos verschwindest und keine Szene machst oder Kuscheleinheiten erwartest! Die meisten Frauen haben da ganz andere Sehnsüchte, Wünsche und Erwartungen. Viele träumen als kleine Mädchen schon von ihrem Prinzen, der Traumhochzeit und dem liebevollen Mann, der sie beschützt. Ich möchte nur ganz kurz dazu sagen: „Ausnahmen bestätigen die Regel.“ Nicht alle Männer sind „solche“ Männer. Meine Brüder zum Beispiel sind da absolute Traummänner. Aber überlege mal, jetzt kommen Männer und Frauen mit absolut unterschiedlichen Erwartungen zueinander. Wenn sie nicht darüber sprechen und sich die Zeit nehmen, einander kennenzulernen, dann kann es für die Frau nur schmerzlich enden! Es geht gar nicht anders! Der Mann kann viel leichter die kurze Beziehung abhaken und weitermachen. Du bleibst mit tausend Fragen zurück, verlierst dich in deinen Gedanken von „War ich ihm nicht gut, nicht schön genug?“ und brauchst Monate, wenn nicht Jahre, um darüber hinwegzukommen!

Und eigentlich ist es auch ein Thema, zu dem ich mich, „Frau, Single, Mitte 30“, definitiv nicht äußern wollte. Doch es ist wichtig. Denn da gibt es ja noch *dich*: „Frau, Single, Mitte 30“ und *dich* „Frau, verheiratet, 3 Kinder, Mitte 30“ mit unerfüllten Sehnsüchten, Wünschen und Bedürfnissen. Deswegen werde ich reden. Gott ist der Schöpfer von Sex, der Erfinder sozusagen. Wieso wollen wir nicht direkt beim Chef mehr über das Thema in Erfahrung bringen? Wieso billige Kopien als Vorbild nutzen?

Im alttestamentlichen Buch der Sprüche ist ein kompletter Abschnitt zu diesem Thema zu finden. Er ist in männlicher Form geschrieben, aber ich werde ihn für dich einmal in die weibliche Form umschreiben.

Sprüche 5,1-9: „Meine Tochter, sei aufmerksam und höre auf meine Lehre. Denn ich weiß, wovon ich rede.

Dann lernst du, überlegt zu handeln, und an deinen Worten erkennt man, wie vernünftig du bist. Der Mann einer anderen Frau kann verführerisch sein, wenn er dich mit schönen Worten betört. Aber das Ende wird schmerzhaft sein und der Nachgeschmack bitter. Er bringt dich an den Rand des Abgrunds und reißt dich damit in den Tod (ziemlich krasse Worte!). Er umgarnt dich, damit du nicht merkst, wie du in dein Verderben läufst. Du junge Frau, hör auf mich und vergiss nie, was ich jeder von euch sage: Geh einem solchen Mann aus dem Weg, lass dich nicht einmal in der Nähe seines Hauses blicken! Sonst verlierst du dein Ansehen, und in der Blüte deines Lebens richten grausame Menschen dich völlig zugrunde [...]. (in Vers 15 geht es weiter) „Freu dich doch an deinem eigenen Mann! Seine Liebe ist wie eine Quelle, aus der immer wieder frisches Wasser sprudelt. Willst du ihn verlieren, weil du dich mit anderen einlässt? Dir allein soll seine Liebe gehören, mit keiner anderen sollst du ihn teilen.[...] „Meine Tochter, willst du dich wirklich mit einem anderen vergnügen und mit einem fremden Mann schlafen? Der Herr sieht genau, was du tust; nichts bleibt ihm verborgen. Wer Gottes Gebote missachtet, dreht sich selbst einen Strick und ist gefangen in seiner Schuld. Wer sich nicht beherrschen kann, schaufelt sich sein eigenes Grab."

Dieses Buch begann mit der kleinen Geschichte vom Inhaber des Fitnessstudios. Attraktiv, charmant, alles, was man sich so wünscht. Ich konnte ihn komplett auf Distanz halten. Wieso? Weil ich auch schon versagt habe. Ich werde so oft für meine Standhaftigkeit gelobt und bewundert. Doch das passiert nicht einfach so. Du kannst noch so fromm erzogen worden sein – wenn du deinen wahren Wert nicht kennst, wird es dir in solchen Momenten nichts bringen. Denn wir sind alle nur Menschen. Wir sind schwach. Wir sehnen uns danach, geliebt zu werden. Diesen Wunsch hat sogar Gott höchstpersönlich in uns gelegt. Jetzt braucht es eine mächtige Portion Weisheit und Selbstsicherheit, um gerade in der heutigen Zeit richtig damit umzugehen. Heute schreie ich zu Gott, wenn die Sehnsucht nach einem männlichen Gegenüber zu groß wird! Weil ich weiß, dass nur er meine Schritte in die richtige Richtung, ja, zum richtigen Mann führen kann und alles andere langfristig nur mächtig wehtut.

Doch zurück zu dem Moment, der mich beim Schreiben sehr viele Tränen gekostet hat. Denn als erwachsene Frau schmerzt es, wenn man darüber nachdenkt, was einem als noch junge Frau angetan wurde. In meinem ersten Buch („So schwer, sich leicht zu fühlen") hatte ich schon von Toni erzählt. Meiner ersten ganz großen Liebe. Doch damals traute ich mich noch nicht, die ganze Geschichte über ihn preiszugeben. Er war der Typ „bad guy" und saß deswegen auch schon im Gefängnis. Wie gesagt, war ich recht konservativ geprägt. Dazu war ich noch völlig schüchtern und voller Komplexe, denn ich steckte noch in meiner Essstörung fest. Jedes Wort aus seinem

Munde legte ich also auf die Goldwaage. Er selbst war auf keinem guten Weg, trank sehr viel Alkohol und nahm Drogen, was ich in meiner Naivität nicht einmal bemerkt hatte. Er baggerte neben mir auch andere Frauen an, und ich dachte auch noch: „Das verstehe ich, sie sind ja schöner als ich. Solange er bei mir bleibt, ist das okay." Was für eine ungesunde Denkweise! Teilweise hörte ich tagelang nichts von ihm, bis er mit dem süßesten „Es tut mir leid!" wieder vor mir stand. Ich hatte keine Ahnung, wie drogenabhängig er wirklich war … Da ich voller Komplexe war, was meinen eigenen Körper anging, war es mir ein Leichtes, ihn körperlich auf Distanz zu mir zu halten. Natürlich hatte ich die Worte meiner Oma im Hinterkopf und ich hatte meine Werte fest vor Augen. Doch so oder so wollte ich mich nicht berühren lassen, da ich mich trotz Untergewicht fett und hässlich fühlte. Ihm aber wurde das irgendwann zu blöd und die Beziehung scheiterte tatsächlich an diesem Punkt. Lange habe ich ihm nachgetrauert. Wie oft saß ich auf einer Bank vor dem Restaurant seiner Eltern, einfach nur, um ihn kurz mal aus der Ferne zu sehen. Jahre später trafen wir uns dann wieder. Ich war gerade dabei, meine Essstörung in den Griff zu bekommen, hatte wieder genug zugenommen und war völlig überrascht, dass er mich *dennoch* zurückwollte.

Was ich wieder einmal durch meine Naivität nicht rechtzeitig bemerkt hatte, war, dass er sich nur das holen wollte, was er damals nicht bekommen hatte. An einem schönen Abend lud er mich großzügig zum Essen ein, war super charmant und füllte mich bewusst ab. Ich trank damals äußerst selten mal einen Schluck Alkohol, doch an diesem Abend goss er immer wieder nach. Es brauchte nicht viel, um mich betrunken zu machen. Und erst im Nachhinein verstand ich, dass er mir K.-O.-Tropfen mit in mein Getränk gemischt haben musste, denn ich war völlig weg. Da man damals noch nicht so über das Thema K.-O.-Tropfen Bescheid wusste, geschweige denn sprach, hatte auch ich keine Ahnung davon. So war ich völlig ausgeknockt. An diesem Abend holte er sich unter Drogeneinfluss das, was er zuvor nicht bekommen hatte. Ich weiß nur, dass ich irgendwann in seiner kleinen Wohnung auf einer einfachen Matratze, die auf dem Boden lag, wieder zu mir kam und er mit einer blutenden Nase ins Bad rannte. Damals wusste ich noch nicht einmal, dass man das vom Koksen bekommt. Und ich sah Blut auf dem Bettlaken …

Die Beziehung war beendet. Er hatte bekommen, was er wollte. Ich hatte mit dem Feuer gespielt und mich schwer verbrannt. Das, was ich so sorgsam bewahrt hatte, war mir genommen worden. Und ich schämte mich so fürchterlich, dass ich nicht mehr nach Hause wollte. Ich ließ mich von meiner damaligen Freundin abholen und blieb erst einmal bei ihr. Die nächsten Tage und Nächte weinte ich nur. Ich war so unfassbar leer, hatte solche Schmerzen und war am Ende. Natürlich hatte ich auch Angst, schwanger zu sein! Kurz darauf war Ostern. Ich musste mich an Karfreitag in der Kirche blicken lassen, sonst hätten meine Eltern Fragen gestellt. Und ich wollte auch so sehr hin! Ich wollte in die Nähe Gottes, doch ich traute mich kaum noch. Ich fühlte mich so zerbrochen, so unwürdig. Ich kam mir vor wie der größte Heuchler und Sünder auf Erden … ich hatte alles zerstört! Ich saß in einer der letzten Reihen, als der Pastor von Jesus erzählte, der für unsere Schuld ans Kreuz gegangen ist. Doch es tat einfach nur noch mehr weh zu hören, wie viel Schmerz Jesus für mich auf sich genommen hatte. Umsonst. Denn ich hatte alles vermasselt! „Déborah, für dich gilt das nicht mehr! Du hast diesen Zugang für immer verloren! Siehst du nicht, wie dreckig du bist? Wie ekelhaft? Da kannst du noch so lange unter der Dusche stehen. Jeder kann es dir ansehen! Du hast dein Leben an die Wand gefahren!"

Das Mädchen, das in meinem Musikvideo ist, hatte genau diese Emotionen durchgemacht. Wer Missbrauch erlebt hat, versteht sehr schnell, wovon ich rede. Irgendwas passiert in unseren Köpfen, dass wir sofort denken: „Ich bin selbst schuld daran! Wahrscheinlich habe ich es provoziert" bis hin zu: „Sooooo schlimm war es gar nicht!". Deswegen habe ich auch nie darüber gesprochen, weil ich jahrelang dachte: „Es war doch meine Schuld!" Nein, war es eben nicht! Punkt. So etwas darf nicht passieren, niemandem von uns! Dein Körper, deine Seele, DU bist so wertvoll! Und wenn du so etwas erlebt hast, dann wird es höchste Zeit, die Lügen in deinem Kopf zu zerstören, die dir sagen: „Du hast es nicht anders verdient!" Schlag den Teufel mit der Waffe, gegen die er keine Macht hat! Stell dich unter den Schutz Gottes und brich diesen Lügen-Kreislauf, der dich gefangen und gelähmt hält!

Es tut mir so, so leid, wenn du Missbrauch erleben musstest, denn es ist etwas, dass dich dein Leben lang aus der Bahn werfen kann! Doch das muss es nicht! Du kannst und wirst wieder frei lächeln und vertrauen können, wenn du auch diese Situation mit der Wahrheit durchleuchtest! Und die Wahrheit lautet: „Du bist unschuldig! Du darfst wieder gesund werden!" Selbst wenn du solch eine Situation provoziert haben solltest, selbst wenn du Fehler gemacht hast: Kein Mensch auf Erden hat ein Anrecht auf deinen Körper ohne deine Erlaubnis! Und das, was dir genommen worden ist, das möchte dir der, der dich erschaffen hat, wieder zurückgeben! Was es dazu braucht?

- Vergebung. Vergib dir selbst. Das kannst du in Kapitel 10 noch mal nachlesen.
- Vertrauen. Dass Gott dir vergibt.
- Vergessen. Lass die Vergangenheit keine Macht über deine Zukunft haben!

Ich durfte wie so oft in meinem Leben erfahren, dass Gott mich im Laufe der Zeit, aber auch durch eine wachsende Beziehung zu ihm, von diesem großen Schmerz in meinem Leben geheilt hat. Es kam nicht über Nacht. Ich musste von vorne anfangen und diese drei Schritte durchlaufen: Zunächst mir selbst vergeben. Ich musste vertrauen, dass Gott mich dennoch liebt, was im Nachhinein total blöd klingt, denn daran besteht nie ein Zweifel: Gott liebt, weil Gott die Liebe ist! Er kann gar nicht anders! Erinnerst du dich an das, was ich über meinen Neffen gesagt habe? Egal, was er tut, ich könnte nicht aufhören, ihn zu lieben! Ich weiß jetzt schon, dass er den größten Fehler seines Lebens begehen könnte und ich würde ihn dennoch lieben! Wie viel mehr liebt uns Gott (die Liebe selbst!) dann?

Es ist also eine absolute Zeitverschwendung, vor Gott davonzurennen, wenn du Ähnliches durchlebst. Es macht ihn nur traurig. **Komm, komm und lass dir deine Tränen abwischen!** Ich finde es sehr gut, wenn man begleitend eine Therapie macht oder sich sonstige Hilfe holt! Absolut, mach das! Aber lass deine Beziehung zu Gott immer an erster Stelle sein. Das beschleunigt den Prozess. Ich sage immer: **„Die Therapie hilft, um gesund zu werden! Willst du langfristig gesund bleiben, brauchst du den Glauben!"**

Es ist nicht so, dass ich wegen dieser Erfahrung je gesagt hätte: „Ich traue keinem Mann mehr." Für einen Moment ist alles in mir zerbrochen. Doch das wurde nicht nur geflickt, sondern es hat mir gezeigt, dass ich es mir wert sein muss, meinen Körper zu schützen! Denn wir haben nur diesen einen. Mit all seinen Makeln und Narben ist er der unsere. Wir müssen ihn pflegen, schützen und lieben! Ich habe Gott angefleht, mir eine neue Chance zu schenken. Mich in meinem Körper wieder wohlfühlen zu dürfen. Mich wieder als schön zu sehen, als etwas Wertvolles. Denn all das ging in diesem einen Moment verloren, obwohl ich mich nicht einmal mehr an den Moment erinnere. Nur noch an das Erwachen, das Bild des Elends, das sich mir bot. Das Bild, das mich lange noch verfolgte. *Aber, Gott!* Er nahm mein Leben in seine zarten und dennoch starken Hände und küsste mir den Schmerz weg, indem er das, was mir genommen wurde, mit seiner Liebe ersetzte!

„Ihr wolltet mir Böses tun, aber Gott hat Gutes daraus entstehen lassen." *1. Mose 50,20*

Und du wirst erkennen, dass auch der größte Schmerz deines Lebens es zum Schluss wert ist! Wieso? Weil Gott nicht stehen bleibt, wo andere aufgeben. Wo Menschen aufgeben, da fängt er erst an! **In Gottes Händen kann aus dem größten Schmerz ein sichtbares Wunder werden!** Meine Frage an dich lautet: „Bist du bereit, diesen Schmerz, den du jahrelang in dir getragen hast, abzugeben?" Ich bitte dich von ganzem Herzen: Lass die Lüge nicht länger Macht über dein Leben haben! Hörst du, wie er leise in dein Herz flüstert:

„Komm, komm, lass dir deine Tränen ein für alle Mal abwischen!
Lass dich wiederherstellen mit einem neuen Blick auf dein Leben.
Ich will dich berühren und du sollst heil werden!
Nur eine sanfte Berührung von mir und du wirst sehen,
wie wertvoll du in meinen Augen bist!
Nein, ich wollte niemals, dass dir so etwas passiert!
Doch ich gebe dir die Kraft, die Vergangenheit hinter dir zu lassen!
Du darfst zu mir kommen, so wie du bist!
Denn so wie du bist, bist du von mir gewollt!
Kein Makel, keine Narbe könnte diese Schönheit trüben.
Du bist meine Perfektion!
Ich hauche dir neues Leben ein, wenn du mich nur lässt.
Komm, komm, gib mir deine Zerbrochenheit
Und ich schenke dir Leben bis in die Ewigkeit!"?

Jetzt liegt es an dir, darauf zu antworten. Ein Gebet kann dich befreien. Ja, auch dich. Leg das Buch beiseite, nimm dir einen Moment Zeit. Und dann lade deinen ganzen Ballast und deine Vergangenheit ab. In deinen Worten. Ganz simpel. Ganz echt. Ganz du. Und schließe mit einem Amen ab. Denn das hebräische Wort „amen“ bedeutet: „So sei es!“

19.
Sei es dir wert ... neu zu träumen

Nach dem letzten, sehr intensiven Thema möchte ich dir in diesem Kapitel zeigen, dass das Leben wundervoll ist – egal was du erlebt hast! Ganz ehrlich, wenn ich das nach all den Abstürzen in meinem Leben sagen kann, dann würde es sich doch auch für dich zumindest lohnen, es einmal auszuprobieren. Was genau? Neu zu träumen! Es ist ein Thema, das mir auf der Seele brennt und welches ich dir am liebsten persönlich ins Gesicht sagen würde: **„Träume laut, träume mutig, träume weiter!“**

Bei meinen vielen Auftritten habe ich selbstverständlich ein sehr bunt gemischtes Publikum. Und genau das liebe ich auch! Es ist ein Geschenk, zu jungen und alten Menschen, Schülern, Geschäftsleuten, Müttern und Stars sprechen zu dürfen! Natürlich könnte es mir auch Angst machen! Doch das tut es nur noch selten. Wieso? Weil mir eines klar geworden ist: Egal, wo du dich gerade auf der Karriere- oder Erfolgsleiter deines Lebens befinden magst, egal, ob deine Beziehung gerade am Zerbrechen ist oder die schönsten Frühlingsgefühle in dir auslöst: Die Grundbedürfnisse eines jeden Menschen sind gleich.

Die Sehnsucht nach dem Wahren und dem Echten kennen Obdachlose genauso gut wie diejenigen, die vier Villen besitzen. Auch erlebt jeder Mensch Druck und Nöte in seinem Leben. Ob er daran zerbricht oder stärker wird, das liegt an seiner eigenen Entscheidung. Und diese lautet: **„Versuche ich es alleine, damit klarzukommen, oder stelle ich mich auf das Fundament einer echten Beziehung zu Jesus?“** Das mag für dich im Moment vielleicht unerreichbar oder gar weltfremd klingen, doch es ist der einzige Schlüssel zum wahren Erfolg und tiefen Frieden im Leben. Hätte ich das nicht getan, wäre ich heute tot. Klingt krass, oder? Ist aber so. Und das nicht nur einmal. Mit 13 wurde ich schwer magersüchtig, habe sieben Jahre lang mit Essstörungen zu kämpfen gehabt und wäre fast daran gestorben. Mit 20 erlebte ich sexuellen Missbrauch. Mit 21 wäre ich fast an den Folgen einer gefährlichen Blut-Zyste gestorben, von der ich berichtet hatte, als es um Narben ging. Die drei Narben, die mich daran erinnern, dass ich fast in einem Bordell in Bratislava gelandet wäre, von wo ich wohl nicht mehr zurückgekommen wäre, wenn Gott mich nicht davor bewahrt hätte. Mit 23 war ich alleine auf den Fidschi-Inseln unterwegs und bin in den falschen Bus geraten. Als er beschleunigte und zwei Männer mich vielsagend anschauten, wurde mir klar, in welch brenzliger Situation ich mich befand. Wäre ich nicht wie James Bond aus dem fahrenden Bus gesprungen – ich weiß nicht, wo ich heute wäre. Mit 30 ließ ich mich auf ein Date mit einem Mann ein, den ich kaum kannte. Wir verabredeten uns zu einer Fahrt auf seiner Harley Davidson. Als er irgendwo im Nirgendwo in einem Wald anhielt und versuchte, mich zu küssen, verpasste ich ihm eine schallende Ohrfeige. Ein Jahr später brachte genau dieser Typ seine Freundin um. Mit 33 Jahren landete ich in einer sehr ungesunden Beziehung, erlitt schweren emotionalen Missbrauch, was schlussendlich in eine starke Depression führte, die mir leise zuflüsterte: „Du musst nur kurz Gas geben und rechts gegen die Wand knallen, dann hört der Schmerz von alleine auf …!“ Du kannst mir glauben, ich habe einiges erlebt, von dem andere sagen würden: „Deswegen glaube ich nicht mehr an Gott.“ Aber ich sage dir: Und weil ich all das erlebt habe und immer noch hier bin, weiß ich: Es muss einen Gott geben!

Meine Fehltritte haben mir gezeigt, dass die Gnade Gottes in meinem Leben wirksam werden möchte. Die Verletzungen, die mir zugefügt worden sind, haben mich erkennen lassen, wie befreiend Vergebung ist. Die Narben auf meinem Körper erinnern mich daran, dass jede Wunde heilt! Die Veränderungen in meinem durchgeplanten Leben haben mir gezeigt, dass Plan B oft viel spannender sein kann als Plan A. Jede Zurückweisung hat bewiesen, dass es nur einen gibt, der mich kompromisslos lieben kann! Jeder Tod hat mir gezeigt, dass nur ein Leben mit Gott ewig hält.

Ich habe über zehn Jahre Tour-Erfahrung und ganz klar teilt sich mein Publikum in drei Sparten. Es sind die einen, die stark berührt sind und die meine Geschichte zu Tränen rührt, die aber innerlich denken: „Ja, aber bei mir würde das eh nicht funktionieren.“ Das sind auch diejenigen, die auf jede meiner

Ermutigungen ein „Ja, aber" erwidern. Natürlich kommt diese Haltung von irgendwoher. Von einer tiefen Verletzung aus der Vergangenheit oder von einem traumatischen Erlebnis. Doch hatte ich die nicht auch? Dann sind es diejenigen, die es super toll finden, was ich da mache und auch klatschend im Saal sitzen. Doch sie gehen dann nach Hause zurück in ihr (selbst-)gemachtes Nest, nehmen ihre Vitaminpillen ein, treiben viel Sport, haben jede Versicherung abgeschlossen, die es nur gibt, und sind zu sehr damit beschäftigt, ihr Leben im Griff zu halten, als dass sie sich mit dem, was sie am Abend gehört haben, wirklich befassen könnten.

Dann gibt es aber auch die dritte Gruppe von Menschen, die schon mit offenem Herzen im Saal sitzen, bereit für Veränderung. Bereit, sich verändern zu lassen! Denn das ist es, was es braucht: **Sei bereit, dich verändern zu lassen und Platz für dein eigenes Wunder zu schaffen!** Das sind die Personen, die oft auch schon vieles ausprobiert und gemerkt haben: „Es fehlt immer noch etwas!" Es sind die Reichen, die plötzlich sehen, dass Geld nicht alles kaufen kann. Es sind die Armen, die nicht reich werden wollen, doch auf der Suche nach dem Sinn des Lebens sind. Menschen, die mich fragen: „Déborah, wie hast du das gemacht?", sich eine Bibel besorgen und selbst anfangen, darin zu lesen, zu beten und dadurch erkennen, dass Gott sie genauso liebt wie mich! Das *Wunder*volle beginnt immer dann, wenn du dich für die Wahrheit öffnest, die wirklich frei macht! In solchen Momenten beginnen Menschen, ihren eigenen *wunder*vollen Weg zu gehen! Natürlich ist es immer ein Prozess. Doch dieser beginnt mit genau diesem ersten Schritt:

deiner inneren Haltung! **Mach aus deinem „Ja, aber …" ein „Ja, ich will!"**

Ich bin bei Weitem keine überaus starke Frau, tendiere eher zu extremer Emotionalität und suche stark nach Affekt. Ich weiß, ich wirke häufig ausgeglichener. Darf ich dir verraten, wieso? Weil ich gelernt habe zu leben, bevor ich alle meine emotionalen Bedürfnisse erfüllt bekomme! *Lerne zu leben, während du auf die Erfüllung deiner Träume wartest!* Ich warte nicht auf den Tag X, an dem alle Umstände perfekt sind, um glücklich zu sein! Und jetzt würde ich es am liebsten in die Welt hinausschreien: „Wir haben alle Mittel dafür in der Hand!" Eine Beziehung mit Jesus beginnt mit dem Lesen seines Liebesbriefes an dich – der Bibel! Wie ist mein Selbstbewusstsein verändert worden, seit ich bewusst angefangen habe, darin zu lesen! Das hat schon begonnen, als ich eine junge Frau war. Natürlich hat die Heilung meiner Essstörung meinen Glauben bestärkt, dass es Gott gibt und ihm wirklich alles möglich ist! Doch der größte Zerbruch meines Lebens, von dem ich in meinem letzten Buch „Stärker denn je" geschrieben habe, hat mich so sehr an das Wort Gottes geführt, dass es mein Innerstes komplett verändert hat! *Ich musste durch diesen Schmerz, um zu begreifen, dass die Bibel nicht einfach ein nettes „Begleitbuch" ist, sondern mir* alles *geben kann, was mein Herz braucht!* Ich wäre heute sehr wahrscheinlich noch depressiv, wenn ich nicht angefangen hätte, bewusst darin zu lesen und die Haltung *„Ja, ich will!"* dabei zu entwickeln!

Gestern Nachmittag habe ich eine Schreibpause eingelegt, lag gemütlich am Strand und habe mit meiner Mutter telefoniert. Sie checkt auf Facebook regelmäßig, was ich gerade mache und wo ich mich befinde, denn bei meinen vielen Reisen ist es oft gar nicht so leicht, den Anschluss zu behalten. Ich war zuerst etwas enttäuscht, als sie sagte: „Déborah, der Text in deinem letzten Post ist so *einfach*. Mich überrascht es, dass es so viele anspricht." Ich hatte geschrieben: **Wahres Glück liegt nicht im Suchen, Warten, oder Hoffen. Es liegt im Ankommen im Moment.** Natürlich steckt hinter den zwei Sätzen eine ganze Predigt, die ich am liebsten losgeworden wäre. Mein eigentlicher Gedanke dahinter war jener, dass ich am Abend eines langen Schreibtages noch am Meer entlang spazieren gegangen bin und an die letzten Jahre zurückgedacht hatte. Wie oft war ich schon hier gewesen? Ja, auch mit meinem Ex, Hand in Hand. *Noch* glücklich. Wie oft bin ich hier aber auch als Single gewesen und dachte, wenn ich abends noch an den schönen kleinen Restaurants und Bars vorbeilief: „Vielleicht lerne ich ja dann jemanden kennen …" Doch heute, wo ich weiß, wer ich bin und dass Gott mich so dermaßen liebt, dass er nichts dem Zufall überlässt, bin ich spazieren gegangen, weil ich spazieren gehen wollte. Ich war voll und ganz im Moment. Bei mir. In Gedanken bei Gott. Und ich war noch nie glücklicher.

Dieses Gefühl, nicht suchen zu müssen, sondern sein zu dürfen, wollte ich in meinem Facebook-Post wiedergeben. Denn viel zu oft schaffen wir es nicht mehr, im Moment zu sein, weil wir getrieben werden von unserem eigenen Stress. Dennoch haben mich die Worte meiner Mutter bewegt.

Hier ein kleines Beispiel für dich, wie Gott täglich mit mir

„arbeitet“ und zu mir spricht. Genau, wie er es mit dir tun möchte. Er lässt selbst diese Gedanken von mir nicht unbeantwortet. Am nächsten Morgen schlage ich meine Bibel auf und stoße in Matthäus 13,10-17 auf die Überschrift „Warum redet Jesus in Gleichnissen?“. Ja, das hatte ich mich auch schon so oft gefragt. Er selbst, sein ganzes Leben war doch schon aufregend und spannend genug. Musste er da wirklich noch Geschichten „erfinden“? In Matthäus 13,18 erläutert Jesus, was sein Gleichnis von der Aussaat bedeutet: „Wer die Botschaft von Gottes neuer Welt hört, sie aber nicht versteht, bei dem kommt der Satan und reißt die Saat aus seinem Herzen“ (V. 19).

„Wie felsiger Boden ist ein Mensch, der die Botschaft hört und mit großer Begeisterung annimmt. Aber sein Glaube hat keine starken Wurzeln und deshalb keinen Bestand. Wenn dieser Mensch wegen seines Glaubens in Schwierigkeiten gerät oder gar verfolgt wird, wendet er sich von Gott ab.“ *Matthäus 13,20-21*

Das ist für mich die Gruppe von Menschen in meinem Publikum, die sagt: „Wow! Toll, was Gott im Leben von Déborah gemacht hat!“ Sie glauben, was sie gehört haben, glauben, dass es Gott gibt, doch sie glauben nicht, dass er das Gleiche in ihrem Leben tun will und kann.

„Der von Disteln überwucherte Boden entspricht einem Menschen, der die Botschaft zwar hört, aber die Sorgen des Alltags und die Verführung durch den

Wohlstand ersticken Gottes Botschaft, so dass keine Frucht wachsen kann." *Matthäus 13,22*

Hier ist die zweite Gruppe von Menschen aus meinem Publikum gemeint. Diejenigen, die gerne zu Auftritten kommen, sich gerne „berieseln" lassen, aber zu sehr damit beschäftigt sind, alles selbst in den Griff zu bekommen. Sie rennen zu Spezialisten, versuchen alles – von Yoga bis Buddhismus –, um Lösungen für ihre Probleme zu bekommen, doch vergessen dabei das Eigentliche: damit zu allererst mal zu Gott zu kommen und dann die entsprechenden Schritte zu gehen. Genauso gehen sie mit ihrem Business um. Immer im Stress, immer am „Networken", statt Gott in ihre Pläne mit einzuweihen und sich von ihm auch mal überraschen zu lassen. Wir wissen ja, selbst Gott ruhte am siebten Tag ... Diese Gruppe von Menschen sucht täglich nach neuen Highlights, doch schafft es nicht, sich für das zu öffnen, was wirklich Bestand hat.

„Aber es gibt auch fruchtbaren Boden; den Menschen, der Gottes Botschaft hört und versteht, so dass er Frucht bringt, dreißig-, sechzig- oder hundertfach." *Matthäus 13,23*

Und das sind die Menschen, die kommen, hören, sich verändern lassen, mit vollem Herzen wieder gehen, geheilt werden, neuen Mut schöpfen, deren Leben plötzlich auf festem und sicherem Grund steht und die anfangen, andere damit anzustecken! Ein Leben, das verändert wurde, kann Veränderung in anderen bewirken. Wenn Menschen sehen, dass du, die du einst völlig am Boden warst, plötzlich ein erfülltes Leben führst, werden sie es auch wollen. Denn das gibt es in keinem Kurs zu kaufen: Die Wahrheit, die frei (und glücklich) macht, gibt es einfach nur für die, die sich dem öffnen und „Ja, ich will, Jesus!“ sagen können.

20.
Sei es dir wert ... ein Ja zu Krisen zu haben

Ich hoffe, du hast dir das letzte Kapitel gut eingeprägt, und ich wünsche dir, dass du nicht nur den Wunsch hast, in die Gruppe der Menschen zu gehören, bei denen Gottes Wort wirksam werden kann, sondern dass du aktiv etwas dafür tust! Noch mal, eine lebendige Beziehung bedarf nichts, das du nicht leisten könntest. Leg dieses Lüge ein für alle Mal beiseite, dass du erst einmal frommer, weiser, älter, schöner oder gar fitter sein musst, um das zu erleben, was sich eine „persönliche Beziehung" nennt. Ich erkläre es dir ganz einfach anhand meiner Freundin Joreen. Wir könnten in Deutschland kaum weiter voneinander getrennt sein und sehen uns vielleicht zweimal im Jahr. Dennoch haben wir eine so tiefe Beziehung, wie ich sie sonst kaum mit jemandem habe. Wir haben täglichen Kontakt miteinander! Sie weiß über praktisch jeden Moment meines Lebens Bescheid und ich über ihres. Sogar wenn eines ihrer Kinder zum Arzt muss, erzählt sie es mir, und ich kann für sie beten. Obwohl wir uns so selten sehen, kenne ich sie sehr gut und sie mich ebenso. Wenn es mir mal nicht gut geht, lässt sie mir Blumen schicken und zeigt mir dadurch liebevoll, dass sie mitfühlt. So kannst du die Beziehung mit Jesus sehen. Deine WhatsApp an ihn ist das Gebet. Um herauszufinden, wie Jesus ist, was er gern hat und wie sehr er dich liebt, kannst du in die Bibel schauen. Und je mehr du das tust – beten und Bibel lesen –, desto mehr beginnt etwas so Persönliches, dass du es keinem anderen vollständig erklären kannst. Dann hat es dich erwischt! Ich kann die Freundschaft zwischen Joreen und mir auch nie so erklären, wie sie wirklich ist. Doch ich weiß es. Wir wissen es beide. Und wenn du dich an das hältst, Pray&Go, kann das auch bei dir geschehen!

> „Wer zum Herrn aufschaut, der strahlt vor Freude, und sein Vertrauen wird nie enttäuscht!" *Psalm 34,6*

Ganz ehrlich, ich sitze hier an meinem Tisch in Südfrankreich, während ich dieses Buch für dich schreibe, und muss über mich selbst schmunzeln. Nie im Leben hätte ich gedacht, dass ich eine von diesen werden würde, die ich als Kind nie verstanden habe. Solche Leute, die immer nur die Bibel gepredigt haben. Ich dachte mir damals: „Das ist doch öde, ich will Spaß im Leben!" Ja, den Fun habe ich ausprobiert. Ich glaube heute, dass Gott mich bewusst so viel hat erleben lassen, von den sieben Jahren der Essstörung über die Tourneen mit Weltstars, auf denen ich umgeben von Reichtum, Macht und Schönheit war, bis hin zu den Ärmsten der Armen in Afrika, um mir zu zeigen, dass es nichts Besseres gibt! Denn ich habe es alles gesehen, alles erlebt und habe nie etwas Erfüllenderes gefunden. Nichts, kein Drink, keine Droge der Welt kann dir das geben, was du in dieser persönlichen Beziehung findest. Worauf wartest du also? Heute ist der perfekte Tag für einen Neustart!

Als ich heute Morgen im Fitnessstudio trainieren war, traf ich auf eine ältere Dame, die ich schon seit Jahren immer wieder sehe. Vor zwei Jahren, mit meinem gebrochenen Herzen, hatten wir uns oft ausgetauscht, denn auch ihr Mann hatte sie für eine Jüngere verlassen. Sie war heute ganz überrascht, mich so happy zu sehen, weil sie selbst seit Jahren mit ihrem Leben hadert. Wie konnte es sein, dass ich mich so schnell wieder gefangen hatte und sie heute wirklich stärker denn je anstrahlte? Dann erzählte sie mir, dass sie als junge Frau missbraucht worden war. Es war ihr erster sexueller Kontakt gewesen, und sie wurde schwanger. Zur damaligen Zeit eine reine Katastrophe, denn es wurde erwartet, dass du als Jungfrau in die Ehe gehst. Sie wurde von allen gemieden und verließ damals die Kirche aus genau diesem Grund. Sie sagte zu mir: „Déborah, ich würde mich nicht gläubig nennen. Ich bin gut zu den Menschen und schaue, dass ich ein sauberes Leben führe, das ist alles, was Gott will." Hörst du diesen Satz nicht auch so oft? Werde ja nicht schwach, wenn du in solche Gespräche verwickelt wirst. Innerlich dachte ich auch: „Oh nein, oh nein! Wie komme ich an sie ran? Ich verstehe sie sogar, nach allem, was sie durchgemacht hat!" Spannenderweise ist das Kind, das aus dieser Vergewaltigung entstand, heute als erwachsene Frau in Deutschland in einer Kirche sehr aktiv. „Schon als kleines

Mädchen betete sie jeden Abend, ohne, dass wir ihr das je beigebracht hätten", erklärte die Frau. Ist das nicht wundervoll? Gott hat dieses Mädchen, das auf so eine schreckliche Art entstanden ist, höchstpersönlich zu sich gezogen! Weißt du, ich habe aufgehört, alles erklären und alles verstehen zu wollen. Wenn du in einer lebendigen Beziehung mit Jesus lebst, dann vertraust du ihm, weil du weißt, dass er weiß, was er tut! Ich erzählte der Dame von mir, wie das Gebet mich am Leben erhalten hat nach meiner schweren Depression, doch ihr Herz war verschlossen. Als ich das Fitnessstudio verließ, hatte ich die Frage auf dem Herzen: „Gott, wie geht man mit solchen Menschen um?" Und Gott hat – wie so oft – geantwortet. Ich sage jetzt ganz bewusst „wie so oft"! Denn wir sind zu sehr im gegenteiligem Denken unterwegs: „Er wird eh nicht antworten. Mir sowieso nicht." Dabei liegt es nur an dir. Du denkst, er redet nicht. Doch er tut es. Durch sein Wort. Oder durch Videos auf Instagram, durch Predigten auf YouTube oder wie auch immer. Du musst dich immer wieder entscheiden, solche Dinge anzuschauen oder zu hören und nicht nur Netflix-Serien zu konsumieren. Vielleicht ist das sogar der einzige Unterschied bei dir zwischen „Gott redet nicht mit mir" und dem aufregendsten Leben überhaupt! Denn glaub mir: Hast du Gott, hast du alles! Keine Netflix-Serie ist spannender als das Leben mit ihm!

Nach meinem Training im Fitness-Studio lief ich also nach Hause, um erst einmal Zeit mit Gott zu verbringen, wie ich es jeden Morgen tue. Und hier erhielt ich ganz schnell meine

Antwort. Hiob, ein Mann, von dem die Bibel berichtet , hatte wirklich extrem viel Dramatisches erlebt und praktisch alles verloren. (Du kannst seine Geschichte gerne ganz nachlesen.) Es heißt sogar, dass Satan höchstpersönlich auf Hiob aufmerksam geworden war! „Ich kenne keinen Zweiten auf der Erde, der so rechtschaffen und aufrichtig ist wie er, der mich achtet und sich nichts zuschulden kommen lässt", sagte Gott über Hiob (Hiob 2,3). Dennoch ließ Gott persönlich zu, dass Hiob durch so viel Leid gehen musste! Er verlor nicht nur alles, er wurde auch noch schwer krank mit eitrigen Geschwüren am ganzen Körper! Seine eigene Frau provozierte ihn: „Na, immer noch fromm?", wollte sie wissen. „Mach doch Schluss mit Gott und stirb." Hier zeigt sich, dass der Glaube von Hiobs Frau nicht so stark war wie der seine. Ich kenne viele Ehepaare, die heute darunter leiden, weil nur einer an Gott glaubt. Ich ermutige dich, wenn es bei dir so ist: „Bleib stark!" Jesus kämpft höchstpersönlich mit dir und für dich! Hiob blieb stark, auch in dieser Horror-Situation:

> „‚Was du sagst, ist gottlos und dumm! Das Gute haben wir von Gott angenommen, sollten wir dann nicht auch das Unheil annehmen?' Selbst jetzt kam kein bitteres Wort gegen Gott über Hiobs Lippen."
> *Hiob 2,10*

Und treu, wie Gott ist, endet die Geschichte auch ganz wundervoll:

„[...] da wendete der Herr für ihn alles zum Guten. Er gab ihm doppelt so viel, wie er früher besessen hatte [...] Der Herr segnete Hiob von jetzt an mehr als zuvor." *Hiob 42,10-12*

Ich wiederhole mich, weil es so wichtig ist. **Du musst verstehen, dass du nie alles verstehen wirst. Dafür darfst du darauf vertrauen, dass du komplett vertrauen kannst!** Das bedeutet nicht, dass du naiv bist. Es bedeutet, dass du schlauer bist als andere. Denn wer auf Gott vertraut, vertraut niemals vergebens! Für mich war das die Antwort auf die Frage, wieso die zerbrochene Frau im Fitnessstudio noch nicht ihr Wunder erlebt hatte. Sie wollte Gott einfach keine zweite Chance geben. Sie wollte nicht vertrauen. Es tat weh, das zu erkennen. Doch für den Moment konnte ich ihr einfach nur weiter Liebe zeigen.

Ich bin jemand, der seine Bibel ganz bunt anmalt, unterstreicht, sich Kommentare dahinterschreibt, um sich Jahre später auch noch daran zu erinnern, was mir beim Lesen wichtig war Ich kann das nur empfehlen, denn es ist absolut spannend, das später noch mal zu lesen! Unter diesen Vers aus dem Buch Hiob z. B. schrieb ich: „Diebstahl Barcelona 2017". Damals hatte man uns nach einer Woche auf einem christlichen Camp, bei dem ich die Anbetungszeiten geleitet hatte, das Auto aufgebrochen und Ware im Wert von 15.000 Euro geklaut! Gerade, nachdem ich einen Vertrag für ein recht teures Musikvideo unterschrieben hatte! Nach diesem Diebstahl hatte ich dafür definitiv keine Kohle mehr! Doch ich fing gar nicht erst an rumzuheulen, sondern entschied mich gleich, Gott zu vertrauen! *Vertrauen ist eine Entscheidung!* Und kurz gesagt: Ich habe in nur wenigen Tagen danach so viele Spenden bekommen, dass ich nicht nur genug hatte für den Video-Dreh, auch mein Vertrauen in Gott wurde wieder einmal bestärkt und bestätigt! Im Vergleich zu einer schweren Krankheit ist das ein kleines Beispiel, doch du darfst Gott in kleinen wie in großen Dingen vertrauen lernen!

Manchmal werden wir in die unmöglichsten Situationen geführt, um zu erleben, dass alles möglich ist, wenn wir nur vertrauen! Diese Situationen sind ein intensives Boot-Camp für unseren Glauben. Und noch mehr! Es sind von Gott persönlich ausgewählte Momente, in denen er die Beziehung mit dir vertiefen will wie noch nie zuvor. Das geschieht, während alle dir sagen werden: „Das kann nicht von Gott sein, kehre ihm den Rücken" oder: „Geh besser nur noch zu diesem Heilpraktiker, Psychologen und Therapeuten", und du standhaft bleibst und sagst: „Ich glaube, Gott wird mich da hindurchtragen!" Gleich vorweg: Ich bin absolut nicht gegen Psychologen, Therapeuten oder Hilfe von außen. Ganz im Gegenteil, wenn du Hilfe brauchst, hol sie dir! Aber an allererster Stelle soll stehen, dass du vertraust, weil du glaubst! Wichtig ist auch, dass dir bewusst wird, dass diese Momente nicht „einfach so" passiert sind, sondern einmalige Situationen sind, um deine persönliche Beziehung zu Gott für immer zu verändern! Wieso ich heute so stark glaube? Weil ich magersüchtig, depressiv und kurz davor war, mir das Leben zu nehmen! Doch, Gott …! Ich habe in all meiner Schwäche nie, keine Sekunde lang, daran gezweifelt, dass es einen Gott gibt, der die Kraft hat, mich zu retten! Vertrauen ist eine Entscheidung, die ich nicht für dich treffen kann. Hier bist du gefragt. Ein Vers, der mir sehr geholfen hat, als ich komplett zerbrochen und depressiv war, ist Psalm 27,13.

„Ich aber vertraue darauf, dass ich am Leben bleibe und sehen werde, wie gut Gott zu mir ist."

Siehst du schon, was ich dir damit sagen möchte? Dieses kleine Wörtchen „*vertraue*". Wieder ist es da! Auch König David, von dem dieser Satz stammt, war in keiner guten Lage. Doch er vertraute. Ich habe David und die Psalmen in meinem letzten Buch schon so oft und so gerne zitiert, da ich mich keinem in der Bibel so nahe fühle wie ihm. Heute himmelhochjauchzend, morgen komplett depressiv. An einem Tag würde er alles für seinen Gott tun und am nächsten Tag folgt die große Sünde. Absolut echt. Absolut Mensch. Absolut ich. Und dennoch heißt es, dass er ein Mann nach Gottes Herzen war! Auf „www.bibelkommentare.de" findet man zum Psalm 27 folgenden Hinweis: „David war konsequent, er schaute sich nicht nach einer anderen Lichtquelle um, auch nicht nach anderen Quellen, die angeblich Heil bringen. Seine Hoffnung setzte er allein auf Gott und er tat es nie vergebens, denn der Herr weiß die Gottseligen aus der Versuchung zu retten." Wie lange glauben wir also noch, perfekt sein zu müssen, wenn alles, was Gott will, unser Vertrauen in ihn ist, komme, was wolle?

Hier ist eine weitere biblische Geschichte, die ich mit dir teilen möchte. Ich liebe es, dass ich in diesem Buch für Frauen so viele Themen ansprechen kann, die man vor Männern nicht so frei erzählen könnte. Ich meine die Frau, von der der Evangelist Markus berichtet (Markus 5, Verse 21 bis 35), die seit 12 Jahren starke Blutungen hatte! Ich meine, stell dir das mal vor! Mir reicht es schon, eine Woche im Monat darunter zu leiden. Wie schrecklich muss es dieser Frau ergangen sein? Sie war bei sämtlichen Ärzten und keiner konnte ihr helfen! Würden wir da nicht aufgeben? Würden wir noch beten? Würden wir tatsächlich glauben, dass Jesus dieses Thema interessiert, und uns nicht viel eher beschämt verkriechen? Doch was für eine Frau! „Dreckig", wie Frauen, die ihre Blutung hatten, damals genannt wurden, bahnte sie sich einen Weg durch die große Menschenmenge um Jesus herum. Sie hatte nicht vor, ihm ihr Leid zu klagen, weil sie *vertraute*, dass alleine eine Berührung mit Jesu Kleidern sie heilen würde. Wow! Und genau das geschah. Sie fühlte es im selben Moment, in dem sie die Kleidung von Jesus anfasste. Und auch Jesus spürte, dass heilende Kraft von ihm ausgegangen war, und er sprach sie direkt darauf an:

> „Meine Tochter, dein Glaube hat dir geholfen. Gehe in Frieden. Du bist geheilt!" *Markus 5,34*

Wow, wow, wow und nochmals wow! Willst du so einen Moment nicht auch mal erleben? Halt dich fest: Das geht! Und weißt du, wann genau du das erleben kannst? *Nur* wenn du durch eine Krise gehst. Ja, denn wenn es dir gut geht, brauchst du ja kein Wunder. Deswegen sind Krisen so wertvoll. **Krisen sind besondere Möglichkeiten, voller Glauben und Vertrauen zu Jesus zu kommen und dein persönliches Wunder „abzuholen".**

> „Der Herr ist denen nahe, die verzweifelt sind, und rettet jeden, der alle Hoffnung verloren hat. Zwar bleiben auch dem, der treu zu Gott steht, Schmerz und Leid nicht erspart, doch aus allem befreit ihn der Herr! Vor schwerem Schaden bewahrt er ihn."
> *Psalm 34,19-20*

Die „Wieso lässt Gott das zu"-Frage habe ich in meinem Leben umgedreht in die „Was willst du mir damit sagen?"-Frage. Hänge den Glauben in deiner Krise nicht an den Nagel, hänge dich direkt an Gott! Du wirst die Krise nicht nur überstehen, deine Beziehung zu ihm wird eine so gute Qualität bekommen, dass du anfängst zu strahlen wie nie zuvor. Lass mich aus demselben Psalm einen weiteren Vers zitieren:

> „Wer zum Herrn aufschaut, der strahlt vor Freude, und sein Vertrauen wird nie enttäuscht!" *Psalm 34,6*

und dir einen weiteren dazugeben:

> „Dieser Tag (heute!) gehört unserem Gott. Lasst den Mut nicht sinken, denn die Freude am Herrn gibt euch Kraft!" *Nehemia 8,10*

Warte nie wieder auf einen besseren Tag. Heute ist der Tag. Auch wenn es der Tag deiner größten Krise ist. Heute ist der Tag, an dem Gott dich so will, wie du bist! Weil du es ihm wert bist. Sei es dir ebenso wert!

21.
Sei es dir wert ... dich selbst zu feiern

Dieser vorletzte Aspekt ist mir auch wichtig und es führt uns zu dem großen Thema, das dieses Buch beenden wird! Denn wir haben so vieles davon verlernt und so viel Freude durch Gedanken wie „Was würden die anderen sagen?" oder „Ja, aber das darf ich (mir) nicht (gönnen)!" ersetzt. Ich möchte am liebsten hinausschreien: „Lebe einfach!" Einige tun es, andere würden gern. Ich bin halb Deutsche und halb Französin, lebe auch in Deutschland, doch ich verbringe mindestens 50 % meiner Zeit in der Schweiz und habe auch die meiste Zeit dort gearbeitet. Immer wieder fallen mir die krassen kulturellen Unterschiede auf! Ich habe den Vorteil, dass ich aus beiden Kulturen so viel lernen kann! Doch eine Sache fällt mir in der Schweiz immer wieder auf. Besser gesagt, ein Satz. Jungen Menschen in der Schweiz wäre so viel möglich, auch finanziell gesehen. Doch dieser eine Satz „'s goht nöd" (Es geht nicht!), beherrscht viele Köpfe sehr stark. Wie oft habe ich diesen Satz gehört! Ein etwas zugespitztes Beispiel: Wenn ich sage: „Sei es dir wert, gönn dir die Maniküre", dann bekomme ich zur Antwort „'s goht nöd", weil man das doch nicht macht. Ja nicht auffallen. Ja nicht anders sein. Ich verstehe, wenn die Mama mit vier Kindern sagt, dass sie sich keine Maniküre leisten kann, auch wenn sie sich so sehr nach so etwas sehnt. Aber viele denken einfach nur: „Was würden denn die Leute sagen, wenn ich mir das leiste, obwohl ich so viele Kinder habe?" *„Sei es dir wert!"* Ich finde es ganz wichtig, dieses Thema anzusprechen, denn ich weiß, dass ich mit meiner Art sehr lange angeeckt bin! Besonders im christlichen Umfeld, was eigentlich irgendwie lustig ist! Denn für die Welt da draußen war ich immer ganz normal. Auch in den Kirchen in den USA bin ich kein bisschen wegen meines Aussehens aufgefallen. Ganz im Gegenteil. Ich bin dort eher untergegangen! Ach, was wurde ich bei meinem ersten Auftritt auf einer christlichen Künstlermesse auf meine Optik reduziert! Und als ich angefangen habe, in der Schweiz in einer Gemeinde für sechs Jahre das Worship-Team zu leiten, war auch dort mein Aussehen plötzlich Thema. Zu viel Schminke, zu hohe Schuhe, zu „anders". Es stimmt. Ich war damals auch extrem unterwegs. Extrem blond, extrem hohe Schuhe. Ich habe dann versucht, mich anzupassen, doch ich fühlte mich einfach nicht mehr wohl in meiner Haut. Bis ich eines gemerkt habe: Natürlich ist es gut und wertvoll, sich ein wenig an das Umfeld anzupassen, in dem man sich bewegt, wenn man dadurch die Herzen schneller erreicht und die Kultur anders ist! Das habe ich auch gelernt. Und dennoch wurde mir klar: „Viele sehnen sich nach der Freiheit, die ich habe, doch trauen sich nicht!" Als ich die richtige Balance zwischen diesen beiden Verhaltensweisen gefunden hatte, ging es allen, mir inklusive, sehr gut damit! Sechs Jahre später verließ ich das Worship-Team, das nicht nur geistlich und musikalisch gewachsen war, sondern auch plötzlich so gut aussah! Ich musste schmunzeln, als ich bemerkte, wie sich die Ladies plötzlich trauten, etwas Make-up zu tragen und sich weiblicher zu kleiden! *Hey, feiere dich!* Sei Frau! Wenn du absolut nicht der Typ dazu bist, will ich dich keinesfalls verändern oder sagen, dass das nicht richtig ist! Bleib ungeschminkt und natürlich, wenn du das liebst! Doch wenn in dir ein Stimmchen schlummert, das sagt: „Ich würde so gern mutiger sein, aber was würden die Leute sagen?", dann hau rein, sei mutig, sei es dir wert! So viele unter uns trauen sich einfach nicht! Ich rufe dir zu: „Lebe einfach!" Ich liebe es, Frau zu sein, und feiere das nur zu gern! Ich habe aber auch meine Grenzen in all dem! Werte, die ich in mir trage. So würdest du mich niemals in Hotpants auf der Bühne sehen. Beim Worship-Leiten würde ich mich sehr schwertun, ein Oberteil mit Spaghettiträgern anzuhaben, geschweige denn mit einem tiefen Dekolleté! Es gibt hier keine Regeln. Doch auch das habe ich schon einmal erwähnt: Wenn du täglich Zeit mit Jesus verbringst und eine persönliche Beziehung zu ihm aufbaust, dann spürst du, was wann und wo angebracht ist und was nicht.

Ich möchte, dass meine Worte und mein Tun meine Message an die Welt ist! Und dabei will ich mich wohlfühlen und ganz Frau sein! Wenn ich Gott in meiner Stillen Zeit oder auch beim Schreiben dieses Buches begegne, dann möchte ich ihm mit Ehrfurcht und würdevoll, also angezogen, begegnen. So bin ich. Das muss nicht für jeden so gelten.

Irgendwann fing ich an, mir Wimpern kleben zu lassen, die ca. vier Wochen halten sollten. Natürlich wieder kurz die Frage: „Was werden die Leute sagen? Kostet das nicht zu viel Geld? Darf ich das?“ Ich verpacke so etwas ja immer in ein Gebet, weil ich von Herzen gern das Richtige tun möchte. Gott hat es sofort bestätigt, dass er gerne verlängerte Wimpern an mir sieht. Man liegt beim ersten Mal knapp zwei Stunden auf einer Liege und hat Zeit, sich mit der Dame zu unterhalten, die die Wimpern klebt. Wir kamen auf meine Arbeit zu sprechen. Mein letztes Buch „Stärker denn je“ passte wie die Faust aufs Auge. Es war so ein berührender, starker Moment! Im Nachhinein schickte sie mir noch eine Nachricht: „Danke, dass du da warst! Durch das Reden mit dir hat sich mein ganzer Frust gelöst.“ Und so wurde der Hunger in ihr nach jedem Termin stärker. Irgendwann sagte sie zu mir: „Ich habe jetzt den Film „*Die Auferstehung*“ angeschaut, weil ich mehr über Jesus erfahren wollte. Déborah!! Zum Schluss sagt Jesus, dass er wiederkommen wird!“ … Pause … „Déborah, bist du das?“ Ich hätte weinen können vor Rührung! Ja, wir können Jesus für die Menschen sein, die um uns herum sind! Menschen, die ich nie getroffen hätte, wenn ich nicht in das Beauty-Studio gefahren wäre.

Nachdem ich diesen Teil geschrieben hatte, habe ich einen Spaziergang am Meer gemacht. Und ein Foto von mir in meinem wunderschönen neuen Kleid gepostet. Die Kommentare überschlugen sich und man lobte mein Kleid! Doch ich merkte, dass selbst ich kurz gezögert habe, bevor ich antwortete, dass ich mir das Kleid gegönnt hatte! Denn einige meiner Facebook-Freunde sind so unglaublich und unterstützen mich auch finanziell, seit ich selbstständig bin. Sofort denken wir dann: „Darf ich überhaupt etwas Schönes kaufen?“ *Natürlich*! Und sowieso, Gott ist nicht abhängig von anderen, um dich finanziell durchzutragen. Wenn Gott es ihnen aufs Herz gelegt hat, dann werden sie dich sowieso verstehen, weiter unterstützen und lieben, wie du bist. Sei du fleißig und treu in deiner Aufgabe. Und du wirst sehen und erleben, wie er dir höchstpersönlich gibt, wenn du ihn bittest. Hör auf, darüber nachzudenken, was andere wohl über dich denken, und lebe einfach!

Vielleicht ist es aber nicht einmal das Thema „Optik“, bei dem du dich zu wenig feierst. Dich feiern bedeutet auch, sich Zeit zu nehmen für sich selbst! Wir werden so schnell von unserem schlechten Gewissen geplagt, wenn wir mal was für uns tun! Ich gestehe, dass auch ich, während ich das Buch schreibe, immer mal wieder dachte: „Was denken eigentlich die Leute? Dass du faul rumhängst und nichts tust?“ Als ich abends nach einem langen Schreibtag wieder einmal spazieren gegangen bin und tolle Fotos geschossen habe, die ich posten wollte, kamen auch wieder die Gedanken auf, wie: „Dann glauben die Leute ja, dass du gar nichts gearbeitet hast, sondern nur am Meer abhängst!“ Was für ein großer, großer Schwachsinn! Ich wiederhole mich gerne: Lass dich nicht länger von dem „Was denken die Leute?“ beherrschen. Finde dich damit ab, dass die Leute immer denken und reden werden. Ob du in der Zwischenzeit glücklich bist oder nicht, dir was gönnst oder nicht, das hängt allein von dir ab! **Sei es dir wert, dir ein lebenswertes Leben zu gönnen mit bewussten Momenten, in denen du dir Zeit für dich selbst nimmst und dich feierst!** Es ist wichtig, dass du dir Auszeiten gönnst! Auch als Mama von vier Kindern! Du sagst, es ist unmöglich? Trau dich, frag andere Frauen mal, ob sie dir helfen können. Ich sehe ja an mir, dass selbst ich mit meinem vollen Leben gerne mal auf die Kinder anderer Frauen aufpasse. Einfach, weil das für mich, die keine Kinder hat, wertvolle Momente sind. So ist es eine Win-win-Situation, wenn wir uns trauen, darüber zu sprechen! Sei es dir wert!

Jetzt noch ein wichtiger Punkt. **Gott möchte, dass du anderen und dir selbst gegenüber großzügig bist!** Sei es dir wert! Ich sage nicht: verschwenderisch! Immer mit der Weisheit im Herzen! Aber dann Vollgas! Hast du mal überlegt, wie attraktiv es dich als Christ macht, wenn du großzügig bist? Wenn du an der Eisdiele die Person hinter dir einlädst mit einem Lächeln: „Hier, einfach weil du es wert bist!" Meinst du nicht, Glaube wird so sichtbar und attraktiv? Und du kommst sofort ins Gespräch! Du kannst auch großzügig in der Nächstenliebe sein! Großzügig bei der Parkplatzsuche. Großzügig mit deinem Lächeln! Großzügig mit Komplimenten! Ich finde nichts schlimmer als knausrige Christen! Und ich war mal eine von ihnen! Die Augen zur Großzügigkeit öffnete mir ein Konzertveranstalter in Deutschland! Als ich mit ihm mit auf Tour sein durfte, waren wir meist im Stress. Statt öffentlicher Verkehrsmittel wurde Taxi gefahren, statt ungesundem Fast Food war es sein Körper ihm wert, mehr Geld hinzulegen, um gesünder zu essen. Statt billiger Hotels, in denen man sich am nächsten Morgen unwohl fühlt, legte er Wert auf teurere Hotels, in denen ich mich wie eine Prinzessin fühlte. Gleichzeitig gab er überall gutes Trinkgeld, und auch jeder Obdachlose bekam Geld von ihm. Ich war überwältigt und es steckte mich an! Obwohl ich selbst kaum Geld hatte, fing ich an, großzügig zu anderen, aber auch zu mir zu werden! Und weißt du was? Es geht auf! *Gott will, dass du lebst! Gott will, dass du glücklich bist! Du darfst dich verwöhnen! Du darfst gut zu dir sein! Du bist es ihm wert und er freut sich, wenn es dir gut geht!* Wenn du in einer Beziehung mit Ihm lebst, wird Er dir auch hier zeigen, wenn du es übertreibst. Du kannst nicht das halbe Internet leer kaufen und dann sagen: „Aber in Déborah's Buch steht …!" Nein! Wir haben ganz zu Beginn über die Weisheit gesprochen. Wenn du Gott als Basis deines Lebens hast und ihn um diese Weisheit bittest, wirst du sehen, wie wunderschön und fruchtvoll dein Leben wird! Er ist mächtig stolz auf dich, wenn du dich schön machst, weil du es dir wert bist! Er freut sich, wenn du in den Spiegel blickst und lächelst! Wenn du andere Menschen beschenkst, großzügig bist und immer ein freundliches Wort auf den Lippen hast! Und Er liebt es, wenn du dir Zeit für dich selbst nimmst und für Ihn. Damit Er dir wieder und wieder in dein Ohr flüstern kann, wie wunderschön du bist! Du! Sei es dir wert!

Jede Narbe auf meinem Herzen hat mich nur noch einmaliger und schöner gemacht. Jede Narbe auf meinem Herzen beweist, dass Zerbrochenes wieder ganz werden kann! Und ich denke, genau das macht eine starke Frau aus: Sie weiß, wohin sie mit ihren Verletzungen gehen kann, und ist nicht abhängig von einer Freundin oder ihrem Ehepartner, um ihren Schmerz loszuwerden. Denn damit werden Männer oft überfordert. Sie selbst tragen eine riesige Verantwortung in der Familie. Was für ein Geschenk, wenn sie wissen, dass ihre Frau sich ihre Kraft, ihre Freude und ihren Mut direkt an der Quelle, bei Gott, holt? Wie attraktiv ist das denn, bitte schön? Und für dich, Single-Lady: Wenn du es schaffst, während du noch alleine bist, nicht frustriert zu werden, weil „keiner für dich da ist", und jetzt schon lernst, mit deinen großen und kleinen Sorgen direkt zu Gott zu rennen, dann hast du die stabilste Grundlage für eine Beziehung gelegt: Gott als dein Alles. Und der Mann, der dich dann haben darf, wird aus dem Staunen nicht herauskommen. *Wenn du es schaffst, deine Sicherheit, Bestätigung, deinen Selbstwert, den ganzen Sinn deines Seins, direkt von dem Autor deines Lebens zu holen, dann wirst du so viele Probleme, die andere in Beziehungen haben, gar nicht erst bekommen.*

Und weißt du eigentlich, dass Gott höchstpersönlich *dich* feiert?

> „Der Herr, euer Gott, ist in eurer Mitte; er ist stark und hilft euch! Von ganzem Herzen freut er sich über euch. Weil er euch liebt, redet er nicht länger über eure Schuld. Ja, er jubelt, wenn er an euch denkt!" *Zefanja 3,17*

Es ist ein Weg, es ist ein Prozess, doch er lohnt sich so ungemein, dass ich keine Sekunde mehr vergeuden würde und ab sofort alles daran setzen würde, dorthin zu kommen. Ganz konkret: Ich weiß, dass ich in einer Beziehung sehr viel Aufmerksamkeit brauche. Und ich gehe davon aus, dass das bei vielen von uns auch so ist. Die meisten Männer sind da meiner Beobachtung nach sehr viel einfacher gestrickt und überfordert mit unseren Ansprüchen. Ein Mann weiß, dass er dich liebt, und wenn er dich hat, dann ist das für ihn einfach klar. Ich und viele von uns wollen es ständig hören oder spüren. Das erkenne ich schon in meinen engsten Freundschaften. Ich habe sehr lange sehr viel Aufmerksamkeit gebraucht, um glücklich zu sein. Ich war schnell enttäuscht, wenn ich etwas Besonderes erlebt habe und keiner meiner Freunde nachgefragt oder nachgehakt hat. Und statt das Erlebte zu feiern, war ich frustriert und enttäuscht. Wie schwachsinnig! Oft gab es im Nachhinein sogar Gründe, weshalb meine Freunde sich nicht gemeldet hatten. Und selbst wenn's keine Erklärungen dafür gibt: *Sei es dir wert, dich selbst zu feiern!* Wenn keiner es sieht. Wenn keiner außer dir es mitbekommt! Wir müssen diese Erwartungshaltung anderen gegenüber loslassen, denn sie wird immer enttäuschen! Denn kein Mensch auf Erden kann jederzeit riechen, was du gerade brauchst! Außer du selbst! Und weißt du was? Das ist doch großartig! **Entwickle eine derartige Liebe für dich selbst, dass du dir nicht zu schade bist, dich selber zu feiern!** Ich kann heute problemlos in einem Restaurant sitzen, mir ein leckeres Essen und ein Gläschen Prosecco bestellen und die Paare um mich herum anstrahlen! Wieso? Weil ich weiß, wer ich bin! Woher? Ich habe die Bibel gelesen. Ich lese täglich in ihr. Wir müssen, müssen unser Denken verändern! Denn wir verbringen viel zu viel Zeit mit Gedanken wie: „Wieso hat er nicht geantwortet? Was hab ich falsch gemacht? Bin ich nicht wichtig genug? Wahrscheinlich war das gar nicht so wichtig …“ Zweifel, Zweifel, Lügen, Lügen. Schluss damit! Ab heute feiern wir uns! Und glaub mir: Wo ein Fest steigt, wo die Freude lebt, wo ein Mensch Zufriedenheit ausstrahlt, da möchten alle sein! Und sehr schnell wirst du nicht mehr alleine feiern!

22.
Sei es dir wert ... reich zu sein

Ich hoffe, du hast es genossen, den Titel dieses Kapitels zu lesen, und denkst nun: „Jetzt verrät Déborah mir, wie ich mit Leichtigkeit mein Bankkonto füllen kann!“ Aber worüber ich jetzt schreibe, hat nur bedingt mit materiellem oder finanziellem Reichtum zu tun. Dafür ist es umso wertvoller und wichtiger für uns! Ich hoffe, nach dem letzten Kapitel hast du begriffen, dass du es dir wert sein darfst, dir Gutes zu tun und dir etwas zu gönnen!

Was denkst du, wenn du diesen Vers liest:

> „Als seine Kinder aber sind wir – gemeinsam mit Christus – auch seine Erben. Und leiden wir jetzt mit Christus, werden wir einmal auch seine Herrlichkeit mit ihm teilen.“ *Römer 8,17*

Punkt 1: In diesem Vers steckt das Wort *leiden*. Was bedeutet, dass Gott wusste, dass wir durch schwere Zeiten gehen würden. Es ist keine Überraschung für ihn. Sein eigener Sohn war auf dieser Erde und musste leiden. Doch in diesem Leid schenkt er uns die Möglichkeit, Seine Nähe zu erleben und getragen zu werden. Das ist ein Gefühl, das nicht in Worte zu fassen ist! Ich würde fast sagen, das muss man mal erlebt haben!

Punkt 2: Es macht mich super demütig. Denn in einem Satz werden wir gemeinsam mit Jesus als Erben genannt. Woran denkst du, wenn du an das Wort „Erbe" denkst? Vielleicht an den Tod eines geliebten Menschen. Wenn wir ehrlich sind, dann erben die meisten Menschen nicht viel. Doch wenn Jesus dein Retter wird, dann wirst du Co-Erbe des gesamten, unermesslichen Reichtums Gottes! Viele Jahre dachte ich, wenn ich Bibelverse über unser Erbe las, dass das alles erst im Himmel beginnt. Falsch! Ein Erbe beginnt immer nach dem Tod. *Aber nicht mit unserem: Es ist der Tod Jesu, der den Startpunkt für die neue Zeitrechnung ausmacht!* Du hast heute, hier und jetzt Zugang zu allem Reichtum Gottes, der viel wertvoller ist als alles, worum du je bitten könntest! Brauchst du Kraft? Gott hat alle Power auf Erden und gibt dir die Energie, die du für deine Aufgaben brauchst. Brauchst du Erfüllung und Lebensfreude? Jesus gibt dir Frieden, der allen Verstand übersteigt. Brauchst du Weisheit? Er gibt dir die klarsten Gedanken, der selbst die schlausten Menschen überraschen wird. Was auch immer du dir wünschst, was auch immer du brauchst, wonach auch immer du dich sehnst, du hast es schon geerbt! Lebe nicht an deinen Möglichkeiten vorbei. Lass dein Erbe nicht unbenutzt im Tresor liegen. Ich kenne eine Frau, die sehr teure Perlen hatte. Um sicherzugehen, dass sie nicht wegkommen, ließ sie sie bei der Bank in einen Tresor sperren. Als sie die Perlen dann einmal tragen wollte, waren sie schwarz geworden, weil sie kein Licht abbekommen hatten, und all ihre Schönheit war somit verloren! Wenn du dich nicht regelmäßig dem Licht der Wahrheit aussetzt, gehst du kaputt. Ein Pflegehinweis für Perlen lautet: „Bewahren Sie Ihren Perlenschmuck nicht ungetragen über lange Zeit auf. Setzen Sie ihn von Zeit zu Zeit natürlicher Feuchtigkeit aus, um ihn vor Austrocknung zu bewahren!" **Das Erbe, das du bekommen hast, musst du auch nutzen!** Du musst deinen Glauben immer wieder bewässern, damit er frisch bleibt. Täglich darfst du dein Glas wieder auffüllen mit der Wahrheit über dich selbst. Mit der Wahrheit, dass du zum Leben bestimmt bist. Sonst verliert dein Glaube seine Kraft. Mach also was aus deinem Erbe. Der Lebensfreue, der Fülle, deines endlosen Potenzials und sperre nicht alles für einen späteren Zeitpunkt ein, bis es marode wird. Dein Erbe geht ja nicht aus. Bei Gott gibt es nicht nur im Überfluss, sondern endlos. All das ist dein – durch dein simples Ja zu Jesus. Und wenn du immer noch nicht weißt, ob du dich ein Kind Gottes nennen darfst, das Zugang zu diesem unerschöpflichen Reichtum hat, dann möchte ich dich jetzt in ein einfaches Gebet mitnehmen. Ein Gebet, das die Macht hat, dein Leben zu verändern. *Ein Gebet* kann dich befreien:

„Jesus, ich komme zu dir, so wie ich bin. Das wenige, das ich habe, möchte ich heute in deine Hände legen. Vergib mir meine Schuld und hilf mir, mir selbst zu vergeben. Hilf mir, mich zu lieben, so wie du es tust! Hilf mir, dich bei jedem

Schritt meines Lebens mit einzubeziehen und den ‚Babyblick' auf dich niemals zu verlieren. Danke, dass du alle Verletzungen meiner Vergangenheit heilst und mir ein neues Leben mit dir schenkst, das heute beginnt! Schreibe du mit mir eine neue Geschichte, die wundervoll ist. Hier ist mein Herz, ich schenke es dir! Danke für deine Liebe! Und danke für das große Erbe, das du mir jetzt schon zur Verfügung stellst. Hilf mir, es zu erfassen und zu nutzen! Ich will es mir wert sein, mich zu lieben, so wie du mich liebst, damit andere dich in mir sehen können. Amen."

Nach diesem lebensverändernden Gebet ist das Wertvollste geschehen, was hätte passieren können! Du bist ein Kind Gottes geworden mit Zugang zu allem, was du im Leben je brauchen wirst. Jetzt nimm all die Wahrheiten dieses Buches mit in deinen Alltag. Sei es dir wert, damit andere Frauen um dich herum ebenso damit angesteckt werden, es sich wert zu sein. Ich möchte mit einem Segensgebet über dich enden. Worte, die Paulus im Epheserbrief so schön vorgeschrieben hat. Und diese kraftvollen Worte möchte ich jetzt über deinem Leben aussprechen:

> „Ihn, den Gott unseres Herrn Jesus Christus, den Vater, dem alle Herrlichkeit gehört, bitte ich darum, dir durch seinen Geist Weisheit zu geben, dass du ihn immer besser erkennst und er dir seinen Plan zeigt. Er öffne dir die Augen, damit du siehst, wozu du berufen bist, worauf du hoffen kannst und welch

unvorstellbar reiches Erbe auf alle wartet, die zu Gott gehören. Du sollst erfahren, mit welch unermesslich großer Kraft Gott in dir, dem Glaubenden, wirkt. Ist es doch dieselbe Kraft, mit der er Christus von den Toten auferweckte und ihm den Ehrenplatz an seiner rechten Seite gab!" *Epheser 1,17-20*

Der Verlag weist ausdrücklich darauf hin, dass im Text enthaltene externe Links nur bis zum Zeitpunkt der Buchveröffentlichung eingesehen werden konnten. Auf spätere Veränderungen hat der Verlag keinerlei Einfluss. Eine Haftung des Verlags für externe Links ist stets ausgeschlossen.

MIX
Papier aus verantwortungsvollen Quellen
FSC® C014496

1. Auflage 2020
Bestell-Nr. 817634
ISBN 978-3-95734-634-6

Umschlaggestaltung: Anna-Lisa Offermann
Umschlagfoto: © Marc Gilgen, Studio 34 Photography
Satz: Vornehm Mediengestaltung, München
Druck und Verarbeitung: GGP Media GmbH, Pößneck
Printed in Germany

www.gerth.de